V&R

In den Akten, in der Welt

Ein Streifzug
durch das Politische Archiv des Auswärtigen Amts

Herausgegeben von
Ludwig Biewer und Rainer Blasius

Vandenhoeck & Ruprecht

Bibliografische Information der Deutschen Nationalbibliothek

Die Deutsche Nationalbibliothek verzeichnet diese Publikation in der
Deutschen Nationalbibliografie; detaillierte bibliografische Daten sind
im Internet über <http://dnb.d-nb.de> abrufbar.

ISBN 978-3-525-36739-1

Satz und Litho: SchwabScantechnik, Göttingen
Druck und Bindung: Quensen Druck + Verlag,
Hildesheim/Lamspringe

Inhalt

Eine erfolgreiche und verantwortungsvolle moderne Außenpolitik ist mehr als Tagesgeschäft. Die Ergebnisse unserer Arbeit lassen sich mitunter erst nach Generationen in ihrem vollen Ausmaß beurteilen. Dabei bilden die Archive der Außenministerien unser historisches Gedächtnis. Die umfangreichen Akten des Politischen Archivs und Historischen Dienstes des Auswärtigen Amts reichen bis in die Zeit der Gründung des Ministeriums im Jahr 1870 und hier und da sogar noch weiter zurück. Dort finden sich die großen völkerrechtlichen Verträge, aber auch Zeugnisse der Alltagsarbeit.

Wie sehen nun Dokumente der deutschen Außenpolitik aus? Die Frankfurter Allgemeine Zeitung und das Auswärtige Amt haben vor fast vier Jahren Unterlagen aus fünfundzwanzig Regalkilometern herausgesucht, die zuweilen erst auf den zweiten Blick ihre volle Aussagekraft entfalten. Vom Kaiserreich über die Weimarer Republik, die nationalsozialistische Terrorherrschaft bis hin zur Bundesrepublik von heute zeichnen sie exemplarisch den Weg der deutschen Außenpolitik in unserer wechselvollen Geschichte nach. Die einzelnen Beiträge werden seit 2005 in der Frankfurter Allgemeinen Zeitung in loser Folge veröffentlicht und sind nun in diesem Buch zusammengefasst. Es ergänzt die renommierte und sehr detaillierte Quellensammlung der »Akten zur Auswärtigen Politik der Bundesrepublik Deutschland« des Instituts für Zeitgeschichte in München auf sehr lebendige Weise. Ich bin sicher, diese Publikation regt zu einer intensiveren Beschäftigung mit unserer Außenpolitik an.

Meinen Dank und meine Anerkennung möchte ich allen aussprechen, die sich mit großem Engagement für die Erforschung und Veröffentlichung der Geschichte der deutschen Außenpolitik einsetzen. Ich danke besonders der Frankfurter Allgemeinen Zeitung für die hervorragende Zusammenarbeit bei diesem Projekt und wünsche allen Leserinnen und Lesern eine spannende Lektüre.

Dr. Frank-Walter Steinmeier
Bundesminister des Auswärtigen

Auf der Diplomatenbahn

Eine knappe Einführung

Das diskrete und traditionsbewusste Auswärtige Amt ist das einzige Ministerium, das nicht nur an Bismarcks Namensgebung festgehalten hat, sondern auch an seinem »Politischen Archiv« – eine Besonderheit in der deutschen Archivlandschaft. Alle anderen Reichsministerien gaben früher ihr Schriftgut an das Reichsarchiv ab, alle anderen Bundesministerien müssen heute ihre Bestände dem Bundesarchiv anbieten. Nur Deutschlands Diplomaten halten ihre Akten seit der Reichsgründungszeit im eigenen Hause zurück.

Das im Verhältnis zum Bundesarchiv kleine, aber feine Politische Archiv des Auswärtigen Amts kann sich auf fünfundzwanzig Regalkilometer konzentrieren. Knapp die Hälfte davon entfällt auf die Zeit bis Kriegsende 1945 und wird kurz »altes Amt« genannt. Das »neue Amt« umfasst die Überlieferung seit 1949/1951 und ist 1990 um das Archiv des Ministeriums für Auswärtige Angelegenheiten der DDR (MfAA) – drei Regalkilometer – erweitert worden.

Die »Taufurkunde« des Auswärtigen Amts stammt vom 4. Januar 1870. Damals schlug Ministerpräsident Otto von Bismarck dem preußischen König Wilhelm vor, »das Ministerium für Auswärtige Angelegenheiten des Norddeutschen Bundes amtlich als ›Auswärtiges Amt‹ zu bezeichnen«. Daran brauchte sich 1871 nichts zu ändern, weil die Reichsverfassung keine parlamentarisch verantwortlichen Minister neben dem Reichskanzler vorsah und die aus dem Reichskanzleramt ausgegliederten Ressorts einfach Reichsämter hießen.

In der Weimarer Republik behielt die Deutschlands Außenpolitik maßgeblich mitgestaltende Behörde Bismarcks Namensgebung bei. Schon 1919 wurden die Reichsämter in selbständige Reichsministerien umgewandelt, so dass sich die Bezeichnungen änderten – außer beim

Auswärtigen Amt. Dabei blieb es sogar zweiundvierzig Jahre später in Bonn, als die drei westlichen Besatzungsmächte der jungen Bundesrepublik mit der »kleinen Revision« des Besatzungsstatuts am 6. März 1951 erlaubten, ein eigenes Außenministerium zu errichten und diplomatische Beziehungen mit anderen Staaten aufzunehmen.

Jünger als das Auswärtige Amt ist sein erst nach dem Ersten Weltkrieg errichtetes »Hauptarchiv«, das 1923 den Namen »Politisches Archiv« erhielt. Als Grund für die damit einsetzende Sonderentwicklung für die schriftliche Überlieferung zur deutschen Außenpolitik wird stets angeführt, dass das Auswärtige Amt für aktuelle politische Entscheidungen immer wieder rasch auf »Altakten« zurückgreifen müsse, weil Außenpolitik eben ein langfristiger Prozess sei. Daher unterhalten auch andere Außenministerien solche Hausarchive. Heutzutage kommen zwei Drittel der Anfragen an das Politische Archiv aus dem Auswärtigen Amt oder aus anderen Bundesressorts. Seitens des Bundesarchivs gab es hin und wieder Bestrebungen, die Bestände des Auswärtigen Amts zu vereinnahmen. Nachdem die besonderen Aufgaben des Politischen Archivs durch eine Initiative des Archiv- und Bibliothekleiters Heinz Waldner 1990 im Gesetz über den Auswärtigen Dienst verankert worden sind, müssen die Mitarbeiter des »Politischen Archivs und Historischen Referats« allerdings keine Übernahme durch das Bundesarchiv befürchten.

Dass die Überlieferung des »alten Amts« den Zweiten Weltkrieg überhaupt überstand, ist Johannes Ullrich zu verdanken, dem legendären Archivchef von 1935 bis 1945 und von 1956 bis 1965. Der für seine lyrische Ader, humanistische Bildung und schauspielerische Begabung bewunderte »Pol-Archibald« sorgte von 1943 an dafür, dass die Bestände als Schutzmassnahme vor alliiertem Bombenhagel in den Harz ausgelagert wurden – nach Zeitzeugenaussagen sogar gegen den Willen und hinter dem Rücken des hitlerhörigen Reichsaußenministers: Joachim von Ribbentrop hätte die Aktenevakuierung, wenn sie ihm bekannt geworden wäre, als Beweis einer »defätistischen Auffassung über die Kriegslage« angesehen und verhindert. Obwohl zur Tilgung der Spuren nationalsozialistischer Raum- und Rassenpolitik Anfang April 1945 doch noch kurzerhand zur Vernichtung bestimmt, fiel der größte

Teil der ausgelagerten Akten des Auswärtigen Amts im Mai 1945 in die Hände amerikanischer Truppen und wurde auf deren Rückzug auf die vereinbarte Demarkationslinie in die Besatzungszone der Vereinigten Staaten verbracht.

Vom Landgräflichen Schloss in Marburg an der Lahn gelangte das Schriftgut über Hessisch-Lichtenau im Frühjahr 1946 wieder nach Berlin in das Telefunken-Gebäude, bis es 1948 in den Flugzeugen der alliierten Luftbrücke nach Whaddon Hall in Buckinghamshire transportiert wurde. 1956 vereinbarte die Bundesregierung mit den drei Westmächten die Rückgabe der Amtsakten, die vom Sommer 1959 an in Bonn benutzbar waren. Mittlerweile stand auch Ullrich wieder an der Spitze des Archivs. Seit Ende April 1945 in sowjetischer Gefangenschaft, war er erst im August 1955 entlassen worden. »Ein König unter den Menschen, der beste aller Spaßmacher, dessen Lachen beseelt war von der Würde des Leids. Der Tod war ohne Schrecken für ihn, denn er hatte Schlimmeres gesehen«, sollte später der Schriftsteller John le Carré über seinen Freund Ullrich schreiben.

Mitte der fünfziger Jahre hatte sich die Bundesregierung verpflichten müssen, die zurückgegebenen Bestände in vollem Umfang der internationalen Forschung zugänglich zu machen. Dies war den Erfahrungen der zwanziger Jahre geschuldet, als eine Art »Krieg der Dokumente« tobte. Ausgangspunkt waren die von den Siegermächten dem Deutschen Reich und seinen Verbündeten auferlegten Reparationsverpflichtungen, die mit der These von einer Alleinschuld am Weltkrieg begründet wurden. Dem sollte im Rahmen der großangelegten Revisionspropaganda gegen Artikel 231 des Versailler Vertrages auch die Edition der »Großen Politik der Europäischen Kabinette 1871–1914« entgegentreten, die Reichsaußenminister Stresemann einmal als Ausdruck des »guten Gewissens« Deutschlands lobte. Bis 1927 lagen die vierzig Bände komplett vor.

Die 1945 erbeuteten weit mehr als 300 Tonnen »Feindakten« lieferten den Vereinigten Staaten nicht nur »Munition« gegen die Hauptkriegsverbrecher in den Verfahren vor dem Internationalen Militärgerichtshof 1945/46 und gegen hohe deutsche Diplomaten im »Wilhelmstraßenprozess« 1948/49, sondern auch gegen den langjährigen Hauptverbündeten.

Im Januar 1948 veröffentlichte das amerikanische Außenministerium im Zeichen des »Kalten Krieges« Absprachen aus der Zeit der »Nazi-Soviet Relations, 1939–1941«, um die Sowjetunion zu diskreditieren.

Ungewöhnlich war, dass sich das amerikanische und das britische Außenministerium schon 1946 auf das Editionsprojekt der »Documents on German Foreign Policy 1918–1945« einigten. Während die Sowjet-union es ablehnte, sich zu beteiligen, trat das zur Siegermacht erklärte Frankreich im April 1947 dem Gemeinschaftsprojekt bei, das »höchste wissenschaftliche Objektivität« durch »außenstehende Gelehrte höchs-ten Ansehens« gewährleisten wollte. In englischer Übersetzung und parallel dazu in deutscher Fassung erschienen die Dokumente über die späten dreißiger Jahre. Als die Bundesrepublik nach der Rückgabe der Akten an das Auswärtige Amt 1961 zum Partner im Viermächteprojekt aufstieg, wurden die »Akten zur deutschen auswärtigen Politik 1918–1945« nur noch in Deutsch publiziert. Das 1995 abgeschlossene Gemein-schaftswerk umfasst sechzig Bände.

Die letzte Edition aus den Beständen des Politischen Archivs unter-scheidet sich von den beiden Vorgängerinnen bereits durch die Zielset-zung: Weder die Unschuld des kaiserlichen Deutschland am Ausbruch des Ersten Weltkrieges noch die Schuld des »Dritten Reiches« am und im Zweiten Weltkrieg war zu dokumentieren. Vielmehr geht es darum, mit offenem Ende nach Ablauf der dreißigjährigen Aktensperrfrist kon-tinuierlich die wichtigsten Quellen zur bundesdeutschen Außenpolitik wissenschaftlich aufzubereiten. Dabei ist eine größtmögliche Amts-ferne angestrebt worden, indem der Bundesminister des Auswärtigen den Editionsauftrag dem Institut für Zeitgeschichte übertrug, das seit 1990 eine Außenstelle im Auswärtigen Amt unterhält. Die »Akten zur Auswärtigen Politik der Bundesrepublik Deutschland« über die Jahre 1949 bis 1953 sowie über die Jahre 1963 bis 1976 sind im Buchhandel erhältlich.

Die drei großen Editionen bieten demjenigen, der sich für die Außen-politik von Bismarck bis Helmut Schmidt interessiert, reichhaltigen Lesestoff. Demgegenüber berücksichtigt unsere Auswahl gerade solche kleinen Funde, die keinen Eingang in die voluminösen Quellenwerke gefunden haben, weil sie beispielsweise aus Nachlässen oder aus Personalakten stammen, die bis 1988 für die Forschung unzugänglich gewesen sind. Erst das Bundesarchivgesetz hat sie mit einer dreißigjährigen Sperrfrist vom Todesdatum des Bediensteten an geöffnet. Die chronologisch angelegte »Dokumentenschau« beginnt kurz nach der Reichsgründung und endet kurz nach der Wiedervereinigung. In fünfundzwanzig im Faksimile wiedergegebenen Stücken, die Mitarbeiter des Politischen Archivs vorgeschlagen und kenntnisreich erläutert haben, spiegeln sich Ereignisse wider wie der »Boxeraufstand« 1900, die Julikrise 1914, die Revolution 1918, die »Machtergreifung« 1933, die Deportationen nach Auschwitz 1942, der Widerstand gegen Hitler 1944, der Beitritt der beiden deutschen Staaten zu den Vereinten Nationen 1973 und die Ratifizierung des Zwei-plus-Vier-Vertrages durch den Obersten Sowjet 1991. Berühmte Namen wie Adenauer, Bismarck, Willy Brandt, Walther Rathenau, Gustav Stresemann und Wilhelm II. tauchen in mal mehr, mal weniger und mal gar nicht bekannten Zusammenhängen auf. Anekdotisches und Erschreckendes, Charakteristisches und Wichtiges fördern die Blicke hinter die Kulissen des Auswärtigen Amts und die Momentaufnahmen vom glatten Parkett der Diplomatie zutage.

Rainer Blasius

1873

AM ANFANG WAR BISMARCK? Bestimmt, wenn es um die Geschichte des Auswärtigen Amts geht, das der Kanzler des Norddeutschen Bundes im Januar 1870 aus dem Ministerium der auswärtigen Angelegenheiten des Königreichs Preußen bildete und das bereits ein Jahr später die Außenpolitik des Deutschen Reiches übernahm. Wenn allerdings von den Personalakten im Politischen Archiv des Auswärtigen Amts die Rede ist, stehen Heinrich Abeken und Engeline Abler am Anfang. Denn nach einer grundsätzlichen Entscheidung aus den zwanziger Jahren des vergangenen Jahrhunderts werden alle Personalakten vom Botschafter bis zum Pförtner aufbewahrt. Bald 70000 Bände umfasst die Sammlung bis heute, davon etwa 28000 aus der Zeit vor 1945. Historiker versprechen sich häufig zuviel von diesen Unterlagen. Zu verschiedenen Zeiten sind die Akten unterschiedlich dicht geführt worden. Kriegsverluste haben zusätzlich dafür gesorgt, dass häufig kaum das bloße Datengerüst eines Berufslebens vorhanden ist. Eher stößt man hier auf Anekdotisches, wie etwa in Otto von Bismarcks Personalakte. Der Kriegsgraf und Friedensfürst ist nach wie vor einer der Heroen des Diplomatischen Dienstes. Seit langem ist im Auswärtigen Amt ein Sitzungssaal nach ihm benannt. Jeden Morgen treffen sich dort die Staatssekretäre und Abteilungsleiter.

Nach der Entlassung im Jahr 1890 ehrten die Deutschen den Reichsgründer bekanntlich mit zahllosen Bismarcktürmen. Aber gleich eine ganze Hauptstadt ist nur in den Vereinigten Staaten nach ihm benannt. Für amerikanische Verhältnisse ist es nicht ungewöhnlich, einen Ort nach einem Politiker zu benennen. Dass aber North Dakotas Hauptstadt den Namen des deutschen Reichskanzlers trägt, bedarf der Erklärung. An der Verschiebung der nordamerikanischen Siedlungsgrenze nach Westen hatten die Eisenbahnen maßgeblichen Anteil. Der Kongress konzessionierte für den Bau transkontinentaler Bahnlinien gleich mehrere Gesellschaften und bedachte sie mit Landschenkungen. Seit 1864 baute die Northern Pacific Railroad Company eine Bahn vom

14

Resolved, That the Northern Pacific Railroad Company name
the town at the crossing of the Missouri
river by their road, "Bismarck," in
token of their respect for the great
Prussian Minister, and their ad-
miration of the enlightened states-
manship which he has exhibited in
so many ways, for the good of Ger-
many and the advancement of
civilization throughout the world.

Lake Superior zu einem pazifischen Hafen im Nordwesten. Geldman-
gel, Wirtschaftskrise und Indianer ließen das Unternehmen im Dakota-
Territorium vorläufig zum Stillstand kommen. Die Stämme der Sioux-
Indianer wurden in das Gebiet westlich des Missouri abgedrängt, den
die Bahntrasse beim Fort Abraham Lincoln überqueren sollte. In No. 23,
Fifth Avenue, der New Yorker Zentrale der Bahngesellschaft, war man
eifrig auf der Suche nach Investoren für den Weiterbau. Von den vielen
deutschen Siedlern, die sich entlang der Trasse niedergelassen hatten,
konnte man nichts erwarten. Um vielleicht Finanzmittel aus dem fernen
Europa anzulocken, musste ein beachtlicher Köder an die Rute.

So erhoben am 23. April 1873 die Direktoren der Northern Pacific
Railroad Company einstimmig Otto von Bismarck zum Namensgeber
für jenen Ort, an dem ihre Bahnlinie den Missouri queren sollte. Sie
drückten ihren Respekt vor dem »großen preußischen Minister« aus
und bewunderten seine aufgeklärte Staatskunst, mit der er zum Wohle
Deutschlands und zum weltweiten zivilisatorischen Fortschritt beitrage.
Ihre goldfarben gesiegelte Resolution sandte Sam Wilkeson, Sekretär
der Gesellschaft, nach Berlin. Im Begleitschreiben gab er dem Fürsten
freudig bekannt, dass die nun »Bismarck« genannte Siedlung bereits in
die Fahrpläne und Karten aufgenommen sei.

Lothar Bucher, Altlinker der 48er Revolution und doch seit 1864 Bismarcks Mitarbeiter, entwarf den Antwortbrief an die amerikanischen
Verehrer des Reichsgründers. Darin ließ er den Herren Direktoren
großen Dank ausrichten für die Art und Weise, in der sie von den Diens-
ten sprächen, die »ich für mein Land und für jene Interessen, die allen
aufgeklärten Nationen gemein sind, in der Lage war zu tun«. Bismarck
strich nur das Wort »aufgeklärten«.

Ob nun mit oder ohne neue Finanzquellen, die Bahnlinie wurde
unter großen Anstrengungen fertiggestellt. Bismarck entwickelte sich,
auch dank der Goldfunde in den nahen Black Hills, zu einem wichtigen
Handelsplatz und Transportzentrum. 1883 wurde es Hauptstadt des Da-
kota-Territoriums, 1889 Regierungssitz von North Dakota. Heute hat
Bismarck über 55000 Einwohner. Nicht viel für eine Hauptstadt; jedoch
mehr als in dem 120 Kilometer weiter östlich an der Bahnlinie gegrün-

deten Ort, der nach dem liberalen britischen Premierminister Gladstone benannt ist. Hier leben nur 240 Menschen. Otto von Bismarck würde seine Freude an diesem späten Triumph über einen politischen Gegenspieler haben.

Martin Kröger

FÜR DIE DEUTSCHEN ARCHÄOLOGEN war 1874 ein gutes Jahr: Der Reichstag bewilligte die Übernahme des ursprünglich privaten, später vom preußischen Staat finanzierten »Instituts für archäologische Korrespondenz« in Rom auf den Reichsetat. Die gleichzeitige Errichtung einer »Zweiganstalt« in Athen war das erste sichtbare Zeichen erweiterter Arbeitsmöglichkeiten. Am 13. April erfüllte sich zudem für Ernst Curtius, Professor für Archäologie in Berlin und im Namen der Königlich Preußischen Akademie der Wissenschaften Herausgeber des »Corpus inscriptionum Graecarum« ein Wunschtraum, auf dessen Verwirklichung er fast ein Vierteljahrhundert lang und allen politischen Widrigkeiten zum Trotz hingearbeitet hatte. Als »Specialbevollmächtigter des Deutschen Reiches« setzte er neben dem Gesandten in Athen, Emil von Wagner, seine Unterschrift unter die »Convention relative à des fouilles archéologiques à entreprendre sur le territoire de l'ancienne Olympie«. Sie war der erste Staatsvertrag, den das Deutsche Reich mit dem Königreich Griechenland schloss, und blieb die einzige Vereinbarung über archäologische Ausgrabungen in dieser feierlichen Form. Die ausschließlich französische Fassung entsprach damals noch unangefochtenen internationalen Gepflogenheiten.

Intentionen wie Bestimmungen des Abkommens unterschieden sich beträchtlich von anderen Absprachen auf diesem Felde. Nicht mehr der Gewinn einzelner wertvoller Kunstwerke für die heimischen Museen der Ausgräber war das Ziel. Das Interesse galt vielmehr den gesamten antiken Bauanlagen und Denkmälergruppen in ihrem ursprünglichen Zusammenhang. Zwar war neben dem griechischen auch ein deutscher Kommissar mit der Leitung der Arbeiten betraut. Alle Funde jedoch standen der griechischen Seite zu, und es lag allein in ihrem Ermessen, ob sie dem Ausgräber und Financier Dubletten überlassen würde (was im Jahre 1881 in begrenztem Maße geschah). Obwohl es auch in Berlin enttäuschte Stimmen gab, weil das Unternehmen mehr der wis-

Nr. 1

Auswärtiges Amt
des
Deutschen Reiches.

Rep.

I 2

Acta

betr.

Vertrag zwischen dem deutschen Reiche und Griechenland
wegen Ausführung von archäologischen Ausgrabungen
auf dem Boden des alten Olympia.

nebst Protokoll.

Datum: Athen, 13/25. April 1874
Ratification: Berlin, 4 April 1875
Auswechslung: Athen, 11/23 April 1875

Vol.

Rep: I. *Tractate.*
No. 2.

Lit. G.

Article II.

C'est l'emplacement de l'ancien temple de Jupiter Olympien qu'on prendra pour point de départ des fouilles qui seront pratiquées sur le territoire de l'ancienne Olympie

Les deux Gouvernements pourront s'entendre ultérieurement pour étendre les fouilles à d'autres endroits du Royaume de Grèce.

Article III.

Le Gouvernement hellénique, en autorisant ces fouilles sur le territoire olympien ci-dessus mentionné, s'engage à prêter tout son concours aux commissaires pour trouver des ouvriers et stipuler

senschaftlichen Erkenntnis als der Bereicherung der deutschen Museen dienen sollte, stimmte der Reichstag am 5. Dezember 1874 dem Vertrag ohne Umstände zu. In Griechenland dauerte das Verfahren nicht nur wegen eines Regierungswechsels sehr viel länger. Man fürchtete ähnliche Wünsche weiterer Staaten, und es wurde im Bewusstsein der eigenen Verpflichtung gegenüber dem großen Erbe als bitter empfunden, trotz aller bisherigen Anstrengungen zum Schutze der Denkmäler an einem zentralen Ort der antiken griechischen Welt nicht ohne fremde Beteiligung arbeiten zu können. Erst ein Jahr nach dem Abschluss des Vertrages unterzeichnete König Georg I. die griechische Ratifikationsurkunde.

Der erste Spatenstich zu einer Grabung, die inzwischen unbestritten zu den Höhepunkten archäologischer Forschung zählt, erfolgte am 4. Oktober 1875, die erste Kampagne endete 1881. Der Reichstag hatte die erforderlichen, recht stattlichen Summen – insgesamt schließlich über 700000 Reichsmark – meist wunschgemäß genehmigt. Nur der Reichskanzler war skeptisch und lehnte es 1880 ab, einen letzten von den Ausgräbern erbetenen Betrag zur Annahme zu empfehlen. Kaiser Wilhelm I. jedoch brachte ebenso wie der Kronprinz (und ehemalige Zögling von Ernst Curtius) den Leistungen der Archäologen lebhaftes Interesse entgegen. Sie hatten auch Verständnis dafür, dass die Funde in Griechenland verblieben. Der Abschlussbetrag wurde aus der kaiserlichen Privatschatulle bewilligt, und Bismarck musste sich für sein abschlägiges Votum vom Kaiser bescheinigen lassen, es verrate »wenigstens kein Interesse für Wissenschaft und Kunst«.

Maria Keipert

»Unsere Politik ist jahrelang bemüht gewesen, die Stimmung Frankreichs zu versöhnen und dem nationalen Ehrgeiz der Franzosen eine andere Richtung als die auf das Elsass zu geben«, diktierte der Reichskanzler seinem Sohn Herbert Graf von Bismarck-Schönhausen – dem Unterstaatssekretär im Auswärtigen Amt – am 21. Oktober 1885 als Text eines Immediatberichts an Kaiser Wilhelm I. in die Feder. »Es war im Interesse des Friedens der Zukunft … unsere Pflicht zu versuchen, was sich auf diesem Wege etwa erreichen ließe. Angesichts der eher gesteigerten als abgeschwächten Begehrlichkeit aller französischen Parteien nach Elsass-Lothringen … muss ich den Versuch, die französische Politik in eine andere als die antideutsche Richtung zu lenken, als misslungen betrachten. Wenn dieser mein Eindruck ein richtiger ist, so folgt daraus die Notwendigkeit, unsere Beziehungen zu England mehr als in den letzten Jahren zu pflegen, und sie nicht mehr dem Bestreben nach einem guten Einvernehmen mit Frankreich zu opfern.« Anlass zu dieser Analyse der außenpolitischen Lage des Reiches vierzehn Jahre nach seiner Gründung war ein von Otto von Bismarck geplantes großes personalpolitisches Revirement, das den bisherigen Staatssekretär des Auswärtigen Amts Paul Graf von Hatzfeldt als Botschafter nach London und den dortigen Botschafter Georg Graf Münster nach Paris bringen sollte, »da ich Graf Hatzfeldt in der Kunst, fremde Staatsmänner zu gewinnen und zu überreden, für vorzugsweise begabt halte, und deshalb von seiner Wirksamkeit in England gute Resultate für unsere Politik erwarte«. Von Münsters Wirken in Paris erhoffte Bismarck dagegen nicht viel: »Unsere Beziehungen zu Frankreich sind wegen ihrer Unsicherheit nicht viel wert, und werden noch unsicherer werden, wenn etwa die monarchische Richtung in der inneren Politik Frankreichs wieder vorwiegen sollte … An der Zukunft unserer französischen Beziehungen ist deshalb nicht viel zu verlieren, an der unseres Verhältnisses zu England aber durch geschickte Diplomatie immer einiges zu gewinnen.«

Unsere Politik ist Jahre lang bemüht gewesen, die Stimmung Frankreichs zu versöhnen, und
dem nationalen Ehrgeiz der Franzosen eine andere Richtung als die auf das Elsaß zu geben. Es
war im Interesse des Friedens der Zukunft mei-
nes allerunterthänigsten Dafürhaltens unsere
Pflicht zu versuchen, was sich auf diesem Wege
etwa erreichen ließe. Angesichts der schon geschilderten als ungeschwächten Begehrlichkeit aller
französischen Parteien nach Elsaß-Lothringen, und
der Unterstützung, welche die Thätigkeit der sogenannten Patriotenliga, und ihre Nachahmungen
der öffentlichen Meinung bei den Parteien nicht
nur, sondern auch bei Regierungsorganen finden, muß ich den Versuch, die französische Politik in eine andere, als die antideutsche Richtung
zu lenken, als mißlungen bedrohten. Wenn

Weder in der vierzig Bände umfassenden Aktenpublikation »Die Große Politik der Europäischen Kabinette«, die das Auswärtige Amt nach dem Ersten Weltkrieg herausgab, noch in den »Gesammelten Werken« Bismarcks ist dieser Immediatbericht abgedruckt, was wohl daran liegt, dass er in der Personalakte Hatzfeldts abgelegt wurde, die wie alle Personalakten der Angehörigen des Auswärtigen Dienstes der historischen Forschung lange Zeit völlig unzugänglich waren. Erst das Bundesarchivgesetz von 1988 hat sie – mit einer dreißigjährigen Sperrfrist vom Todesdatum des Beschäftigten an – für die Benutzung durch Dritte geöffnet. Sie erwiesen sich jedoch bei genauer Betrachtung als ausgesprochen spröde Quellen. Nur selten erhellen sie die Gründe, warum die eine Karriere glanzvoll verlief und die andere auf entlegenem Posten endete. Einblicke in höhere politische Erwägungen der verantwortlichen Politiker sind noch rarer. Aber manche Auster birgt dann doch eine Perle, wie das Dokument aus Hatzfeldts Akte. Die ganze Tragik der Außenpolitik des Kaiserreichs offenbart sich aus diesem Bericht: das in der Annexion Elsass-Lothringens liegende Erbübel der Reichsgründung, die aus Trotz und verdrängtem schlechten Gewissen darüber geborene vermeintliche deutsche Hoffnungslosigkeit, Frankreich je wieder zu versöhnen, und die von allen Nachfolgern Bismarcks und von Wilhelm II. gehegte Illusion, Britanniens Freundschaft – mal durch Lockung, mal durch Drohung – dauerhaft zu gewinnen. Auch Hatzfeldt war dies nicht gelungen, als er 1901 im sechzehnten Jahr seiner Amtszeit als deutscher Botschafter in London starb.

Gerhard Keiper

IM JUNI DES JAHRES 1900 erreichte die Aufstandsbewegung in China, die sich gegen die wirtschaftliche Dominanz und die Christianisierungspolitik der europäischen Staaten richtete, mit dem von einem Soldaten der chinesischen Bannertruppe begangenen Mord am deutschen Gesandten in Peking, dem Freiherrn Clemens von Ketteler, ihren Höhepunkt. Einrückende europäische Expeditionskorps befreiten bald darauf die im Gesandtschaftsviertel belagerten Diplomaten und schlugen den Aufstand nieder. Weil auch die chinesische Regierung unter dem Einfluss der mächtigen Kaiserinwitwe zuletzt den »Boxeraufstand« unterstützt hatte, wurden China im September 1901 schwere Wiedergutmachungsleistungen auferlegt, zu denen auch die Errichtung eines Sühnedenkmals für den ermordeten Gesandten am Ort der Tat gehörte. Über die verschiedenen Formen und Möglichkeiten dieses Mahnmals hatte sich Ketelers Nachfolger, der Gesandte Alfons Philipp Mumm von Schwarzenstein, schon im Januar 1901 in einem Bericht nach Berlin Gedanken gemacht. Eine Statue schied aus, weil sie nicht gegen mutwillige Beschädigung geschützt werden konnte. Für einen »auf breiter Unterlage mächtig sich erhebenden Obelisken« war die verkehrsreiche Straße zu schmal. Als Ausweg bot Mumm einen aus der traditionellen chinesischen Architektur kommenden Ehrenbogen, einen sogenannten Pailou. Dieser könnte mit seinen drei Öffnungen quer über die Straße und die beiden Fußsteige errichtet werden. Er wäre weithin sichtbar und würde »der Masse der Chinesen als Weihemonument verständlich« sein. Mumm fügte seinem Bericht die Photographie eines prachtvollen antiken Pailous in Peking bei und überzeugte damit Kaiser Wilhelm II. sofort. »Richtig!« schrieb Seine Majestät an den Rand des Berichts: »Man muss immer dem Styl und dem Herkommen des Landes sich anpassen«, meinte er, verfügte dann aber, als Baumaterial ausgerechnet Marmor zu verwenden.

Das rituelle Trankopfer, das die chinesische Regierung möglichst bald für die Seele des ermordeten Gesandten darbringen wollte, war Mumm

als »heidnischer Ritus« dagegen »widerwärtig«, wenn er auch den Eindruck anerkannte, den der Akt auf die chinesische Bevölkerung machen würde. Hierzu wusste der Kaiser einen Ausweg: »Wenn der Ehrenbogen erbaut ist, muss er ja eingeweiht werden; dies wird mit großer Festlichkeit geschehen, und da können die alten Bonzen ja ihren Hocuspocus loslassen.«

Die chinesische Regierung machte noch einen schwachen Versuch, das Projekt durch Abwandlung zu sabotieren, und schlug angesichts der schwierigen Beschaffung des Baumaterials vor, einen beim Sommerpalast stehenden, schmaleren hölzernen Pailou, der einst von Kaiser Chienlung dem Drachengott zu Ehren errichtet worden war, abzubrechen und am Tatort seitlich zur Straße wieder aufzubauen. Wilhelm II. witterte sofort einen bösen Plan des chinesischen Spitzenpolitikers Li Hung Tschang: »Was aber sagt der Kaiser von China dazu? Wenn man in so rücksichtslos barbarischer Weise die Monumente seiner Vorfahren und Götter behandelt? Li hat das bloß vorgeschlagen, um uns mit dem Kaiserhaus zu verfeinden. Nein! Es bleibt bei meinem Befehl, der von mir genehmigte Pailou aus Marmor wird gemacht und in der nötigen Breite, die die Straße erfordert, quer über die Straße gebaut werden, darauf kommt es an!«

Bald wurde mit dem Bau begonnen, der auf drei Tafeln mit einer mahnenden Inschrift in deutscher, lateinischer und chinesischer Sprache versehen wurde, die Mumm vorgeschlagen und Wilhelm II. genehmigt hatte: »Dieses Monument ist auf Befehl Seiner Majestät des Kaisers von China errichtet worden für den an dieser Stätte durch ruchlose Mörderhand am 20.VI.1900 gefallenen Kaiserlich Deutschen Gesandten Freiherrn Clemens von Ketteler. Zum ewigen Gedächtniss an seinen Namen! Zum bleibenden Beweise für den Zorn des Kaisers ob dieser Frevelthat! Zur Warnung an Alle.« Die heute in der Bildersammlung des Politischen Archivs verwahrte Photographie des gewaltigen Baugerüsts lag ursprünglich einem Bericht der Gesandtschaft vom November 1902 über den Baufortschritt bei. »Das Gerüst, das sich als stark genug erwiesen hat, mehrere hundert Zentner schwere Marmorblöcke zu tragen, besteht ausschließlich aus Holz und Tauwerk; kein Nagel, keine

Eisenklammer ist dabei verwendet. Oben auf der Krone des Gerüstes sind zahlreiche kurze Holzhebel angebracht. Die von den beiden Endpunkten derselben herunterhängenden mächtigen Taue werden auf der einen Seite um die heraufzuziehenden Marmorblöcke gewunden, auf der anderen Seite werden dann die Handgriffe befestigt, an denen viele Hunderte von Menschenhänden anfassen … Mit diesen primitiven Mitteln bewältigen die Chinesen langsam, aber sicher die Aufstellung des Denkmals.« Die feierliche Einweihung des Sühnebogens erfolgte am 18. Januar 1903, das Trankopfer wurde auf Drängen der Gesandtschaft, in der sich ein Sinneswandel vollzogen hatte, durch den Vater des Thronfolgers vollzogen, jenen »Sühneprinzen« Tschun, der schon im September 1901 zu einer skurrilen Sühne-Zeremonie bei Wilhelm II. im Neuen Palais in Potsdam hatte erscheinen müssen. Nach der chinesischen Kriegserklärung an das Deutsche Reich im Jahre 1917 wurden zunächst die Inschriften entfernt, 1919 wurde das gesamte Denkmal in den heutigen Zhongshan-Park versetzt und in »Tor der Gerechtigkeit und des Sieges« umbenannt. 1952 beschlossen die Delegierten der asiatisch-pazifischen Friedenskonferenz in Peking, den Bogen in »Tor des Friedens« umzubenennen.

Gerhard Keiper

W<small>ILHELM</small> II. <small>HATTE VIELERLEI</small> I<small>NTERESSEN</small>. Zu seinen besonderen Steckenpferden gehörte die Liebe zu Uniformen, was damals durchaus naheliegend war. Denn im Kaiserreich trugen nicht nur Soldaten und Polizei, sondern alle Gruppen, die man heute unter dem Begriff »öffentlicher Dienst« zusammenfasst, Amtskleidung. Aus Freude an der »schimmernden Wehr« wechselte der Kaiser seine Uniformen oft mehrfach im Laufe eines Tages. Selbstverständlich gab es auch für den Auswärtigen Dienst des Deutschen Reiches Uniformen. Die Diplomatenuniformen aller Stufen zeichneten sich durch die leuchtenden Grundfarben Blau, Weiss/Silber und Gelb/Gold, durch prächtige Stickereien, dicke steife Stoffe und geringstmögliche Bewegungsfreiheit aus. Diese Eigenschaften konnten in heißen Landstrichen dieser Erde zu wahren Torturen werden. Dies erfuhr in leidvoller Weise auch der Kaiserliche Gesandte in Peking, Alfons Philipp Mumm von Schwarzenstein, der darüber nach Berlin berichtete. Nach der Verfassung des Kaiserreichs war der Reichskanzler einziger Minister des Reiches, und die Reichsämter – die heutigen Ministerien – leiteten in seiner Vertretung Staatssekretäre als die eigentlichen Amtschefs. Daher gingen Berichte der Auslandsvertretungen vornehmlich unmittelbar an ihn. So berichtete Mumm am 1. Oktober 1903 dem Reichskanzler Bernhard von Bülow, es habe in Peking »sich in diesem Sommer verschiedentlich die Gelegenheit ergeben, zu besonderen Veranlassungen Uniform anlegen zu müssen«. Dabei habe er jene Herren beneidet, »die leichte und kleidsame« Amtstracht haben tragen dürfen. Dazu gehörten auch die deutschen kaiserlichen Konsularbeamten und die Dolmetscher. Nach seinen leid- und vor allem schweißvollen Erfahrungen schlug Mumm nun vor, auch dem Diplomatischen Dienst Tropenuniformen zu verleihen. Der Kaiser reagierte sofort mit zwei begeisterten Randbemerkungen am Anfang und am Schluss des Berichts, die er wie stets mit Bleistift fertigte: »Natürlich! Sofort Ordre aufsetzen und Zeichnungen vorlegen« sowie

Botschafter

15/XI 1903

»mit dem größten Vergnügen! Ich glaubte, die Herren hätten sie schon lange.«

Die verlangten Musterentwürfe für einen Legationssekretär und für einen Gesandten lagen dem Monarchen am 15. November 1903 vor. Als wolle man ein ganz bestimmtes Vorurteil gegen angeblich dünkelhafte Diplomaten bedienen, trägt der Gesandte auf der Zeichnung ein Monokel. Der Kaiser genehmigte die Entwürfe bei einigen kleinen Korrekturen sogleich mit einem handschriftlichen »Einverstanden«. Bei dem abgebildeten Entwurf für einen Gesandten malte der Monarch eigenhändig die Ärmelstulpen für einen Botschafter an den Rand. Zwei goldene Litzen sollten ihn vom rangniedrigeren Gesandten unterscheiden, den nur eine Litze schmückte. Botschafter des Deutschen Reiches gab es 1903 nur in den Hauptstädten der Großmächte: London, St. Petersburg, Paris, Wien, Rom (Quirinal), Madrid, Konstantinopel und Washington. Gesandtschaften unterhielt das Deutsche Reich in 24 Staaten und in sieben Ministerresidenturen, ferner noch etwa 30 Generalkonsulate und gut 100 Berufskonsulate. 1906 wurde die Gesandtschaft in Japan zur Botschaft erhoben, und mit dieser Rangerhöhung wechselte Mumm von Peking nach Tokio. Die zwei vom Kaiser entworfenen Litzen musste er sich fortan nicht mehr erschwitzen.

Ludwig Biewer

1914

KEIN ANDERES DEUTSCHES STAATSOBERHAUPT ist mit seiner Handschrift in den Akten des Auswärtigen Amts so präsent wie Wilhelm II., und das ist nicht nur der langen Regierungszeit zuzuschreiben. Unermüdlich kommentierte der Kaiser die ihm vorgelegten diplomatischen Depeschen, deutsche und ausländische Zeitungsartikel.

Die schiere Leseleistung heischt Respekt, denn das Auswärtige Amt war ja nicht der einzige Lieferant solchen Lektürestoffs, sondern auch zahlreiche weitere militärische wie zivile Reichs- und preußische Behörden. Allein aus dem Fundus dieser spontan und ohne lange Reflexion hingeworfenen Marginalien – nicht nur kurze Bemerkungen, sondern oft seitenlange temperamentvolle Meinungsäußerungen – ließe sich ein recht zuverlässiges Bild vom komplizierten Charakter ihres Schreibers gewinnen. Es finden sich kluge und törichte, kenntnisreiche und oberflächliche, von Interesse, Wohlwollen, Berliner Mutterwitz, ja Selbstironie zeugende Sätze neben beleidigenden, taktlosen Grobheiten, virtuose Wortspiele neben schnodderigem Kasinoton, hellsichtige Situationsanalysen neben völlig illusionären, grundlosen, aggressiven Behauptungen und martialischen Absichtserklärungen.

Gerade die letzteren waren es, die schon Bismarck mehrfach veranlasst hatten, den Kronprinzen und jungen Kaiser auf die Gefährlichkeit solcher Bemerkungen auf amtlichen Schriftstücken mit Nachdruck aufmerksam zu machen, da bei Bekanntwerden die Glaubwürdigkeit der deutschen Politik auf dem Spiele stehe. Es hatte nichts genützt, die Gewohnheit blieb. Das Auswärtige Amt hat sich bei ihm allzu arg erscheinenden Entgleisungen damit geholfen, die Marginalien vom entsprechenden Aktenstück zu trennen, notfalls den gesamten Vorgang zu sekretieren. Immer war das aber natürlich nicht möglich, und immer wollte man es auch nicht. Die deutschen Missionschefs im Ausland erfuhren ziemlich regelmäßig, welche Aufnahme ihre Berichte an allerhöchster Stelle gefunden hatten.

34

Auswärtiges Amt.

Abschrift.

A 14851.

gelesen N. Pol. 28/VII 1914

Telegramm.

Belgrade, 25 juillet, 7 40 très urgent.
à la Légation serbe, Berlin.

Cop. für J. v. Bülow angefertigt am 12.9.1917.

    Le gouvernement royal serbe a reçu la communica-
tion du gouvernement impérial et royal du 10 de ce
mois et il est persuadé que sa réponse éloignera tout
malentendu qui menace de gâter les bons rapports de
voisinage entre la monarchie hongroise et le royaume de
Serbie. Le gouvernement royal est conscient que les
protestations qui ont apparu tant à la tribune de la
skoupchtina nationale que dans les déclarations et les
actes de représentants responsables de l'état, protestations qui furent coupées court par la déclaration
du gouvernement serbe faite le 18 mars 1909, ne se
sont plus renouvelées vis-à-vis la grande monarchie
voisine en aucune occasion et que depuis ce temps au-
tant de la part des gouvernements royaux qui se sont suc-
cédés que de la part de leurs organes aucune tentative
n'a été faite dans le but de changer l'état de choses
politique et juridique créé en Bosnie-Herzegovina. Le
gouvernement royal constate que sous ce rapport le
gouvernement impérial et royal n'a fait aucune repré-
sentation sauf en ce qui concerne un livre scolaire et
au sujet de laquelle le gouvernement impérial et royal
a reçu une explication entièrement satisfaisante. La

                                               Ser-

      4 846382

70

propos que ses fonctionnaires tant en Serbie qu'à l'é-
tranger ont eu après l'attentat dans des entrevues et
qui d'après l'affirmation du gouvernement imp. et royal
ont été hostiles envers la monarchie dès que le gouvernement imp. et royal lui aura les passages en question de ce propos et dès qu'il aura démontré que les
propos employés ———— ont en effet été tenu par les
10 fonctionnaires au sujet de quoi le gouvernement
royal lui même aura soin de recueillir des preuves et
convictions . Le gouvernement royal informera le gouvernement imp. et royal de l'exécution de mesures com-
prises dans les points précédents en tant que cela n'a
pas été déjà fait par la présente note, aussitôt que
chaque mesure aura été ordonnée et exécutée dans le cas
où le gouvernement imp. et royal ne serait pas satis-
fait de cette réponse ; le gouvernement royal serbe
considérant qu'il est de l'intérêt commun de ne pas
précipiter la solution de ces questions, est prêt comme
toujours d'accepter une entente pacifique soit en remet-
tant cette question à la décision du tribunal international de la Haye, soit aux grandes puissances qui
ont pris part à l'élaboration de la déclaration que
le gouvernement serbe a faite le 18/31 mars 1909.

————————

[annotation manuscrite illisible]

846388

Das Dokument aus den letzten Tagen der Juli-Krise von 1914 gehört zweifellos zu jenen, in denen die Schlussbemerkung des Kaisers die Situation völlig zutreffend beschreibt: »Eine brillante Leistung für eine Frist von blos 48 Stunden! Das ist mehr als man erwarten konnte. Ein großer moralischer Erfolg für Wien; aber damit fällt jeder Kriegsgrund fort, und Giesl« – der österreichisch-ungarische Gesandte – »hätte ruhig in Belgrad bleiben sollen! Daraufhin hätte ich niemals Mobilmachung befohlen! W.«

Mit ähnlicher Erleichterung und der Hoffnung auf neuerlichen Zeitgewinn für Vermittlungsaktionen war auch in anderen Hauptstädten die serbische Antwortnote auf das österreichische Ultimatum vom 23. Juli aufgenommen worden. Kaum jemand hatte erwartet, dass Serbien zwar für einen souveränen Staat inakzeptable Forderungen zurückwies, den übrigen aber weit entgegenkam. Kaiser Wilhelm ließ seiner spontanen Einsicht umgehend neue Vorschläge für das weitere österreichische Vorgehen in Serbien folgen, um die hochgefährliche außenpolitische Lage zu entschärfen. Es gelang ihm jedoch nicht, sich damit unverzüglich durchzusetzen. Offenbar fühlten sich weder der Reichskanzler Theobald von Bethmann Hollweg noch das Auswärtige Amt dazu verpflichtet. Hatte der Kaiser doch bisher unter dem Eindruck des Mordes von Sarajevo vom 28. Juni eine ganz andere Sprache geführt, seinen in Wien anfänglich zur Mäßigung ratenden Botschafter Heinrich Leonhard von Tschirschky barsch zurückgepfiffen, Österreich-Ungarn den berühmten Blankoscheck ausgestellt und die Kriegspartei am Ballhausplatz ermutigt.

Schon die serbische Antwortnote hatte das Auswärtige Amt dem Monarchen erst mit fast eintägiger Verspätung vorgelegt. Und die Nachricht von der plötzlichen kaiserlichen Kehrtwende, die durchaus die Vernunft für sich beanspruchen durfte, erreichte den Bündnispartner in Wien nur in sehr abgeschwächter Form – und als es bereits zu spät war. Der Kaiser hatte auch in diesem welthistorischen Moment nicht regiert.

Maria Keipert

AM 23. NOVEMBER 1918 veröffentlichte die Münchener Revolutionsregierung unter Kurt Eisner Auszüge aus Berichten des bayerischen Gesandten in Berlin, Graf Lerchenfeld, vom Vorabend des Ersten Weltkriegs. Diese Publikation löste eine umfangreiche Editionstätigkeit des Auswärtigen Amts aus, die bis heute anhält. Als Reaktion auf die bayerische Veröffentlichung verfügte der aus dem Establishment des Kaiserreichs stammende Staatssekretär des Auswärtigen Amts Wilhelm Solf am nächsten Tage, dass der Homo novus und Parlamentarische Unterstaatssekretär Eduard David die diplomatischen Akten zur Vorgeschichte des Weltkriegs prüfen solle. Diese Aufgabe übernahm schon bald der sozialistische Theoretiker und Verfasser des Heidelberger Programms der SPD, der Beigeordnete im Auswärtigen Amt Karl Kautsky.

In den folgenden Monaten stritt man sich in den deutschen Führungskreisen darüber, wie mit der Vorgeschichte des Weltkriegs umzugehen wäre. Auf der einen Seite stand eine Minderheit, die wie Eisner und Kautsky eine klare Trennungslinie zwischen dem Kaiserreich und der jungen Republik zog. Sie wollte die gravierenden Fehler der alten Außenpolitik, für die der neue Staat nicht verantwortlich gemacht werden könne, anerkennen. Ihr stand eine große Mehrheit gegenüber, zu der selbstverständlich die durch die Revolution kaum angetastete Beamtenschaft des Auswärtigen Amts zählte. Sie betonte die Kontinuität zwischen altem und neuem Staat und ging davon aus, dass die ehemaligen Kriegsgegner das Deutsche Reich bei der anstehenden Friedensregelung nicht deshalb glimpflich davonkommen lassen würden, weil es sich eine andere Regierung und eine parlamentarisch-demokratische Verfassung gegeben und das alte kaiserliche Regime desavouiert hätte. Diese Ansicht war außenpolitisch zweifellos richtig. Dass die fehlende Distanzierung vom Kaiserreich jedoch die Weimarer Republik innenpolitisch extrem belasten sollte, steht auf einem anderen Blatt.

A 30316 25. November 1918 p. m

000333

182

[illegible]

Mit Rücksicht auf die heute erfolgte [illegible] Veröffentlichung des Berichts des Gesandten Grafen Lerchenfeld v. 18 Juli 1914 bestimme ich, daß eine Prüfung der Akten über die Vorgeschichte des Krieges stattfinden soll. Mit der Prüfung beauftrage ich Herrn U. St. S. David

Be. 24/11 18

Herrn U. St. S. David z. gef. Kts.

Solf

24/11

Dd.

v. U. St. Dr. David 23. DEZ 1918

z. d. A.

26/12

Weltkrieg adh 4.

Die Mehrheit setzte sich rasch durch. Der sozialdemokratische Reichsminister des Auswärtigen Hermann Müller war über die von Kautsky vorgelegte Sammlung »Die deutschen Dokumente zum Kriegsausbruch« keinesfalls erfreut und ließ sie von den gemäßigteren Walter Schücking und Max Graf Montgelas überarbeiten. Fortan spielte der Kampf gegen die »Kriegsschuldlüge« – also gegen die Behauptung einer deutschen Alleinschuld am Weltkrieg – eine wesentliche Rolle in der Politik des Auswärtigen Amts, gerade weil der Artikel 231 des Versailler Vertrages dazu diente, die später erhobenen Reparationsforderungen gegenüber der jungen Republik zu begründen: »Die alliierten und assoziierten Mächte erklären, und Deutschland erkennt an, dass Deutschland und seine Verbündeten als Urheber für alle Verluste und Schäden verantwortlich sind, die die alliierten und assoziierten Regierungen und ihre Staatsangehörigen infolge des Krieges, der ihnen durch den Angriff Deutschlands und seiner Verbündeten aufgezwungen wurde, erlitten haben.« Die Grundtendenz der vierzig Bände über »Die Große Politik der Europäischen Kabinette« zwischen 1871 und 1914 zielte daher deutlich auf eine Rechtfertigung der deutschen Vorkriegspolitik ab, wenn ihr auch nur sehr eingeschränkt offene Manipulation vorgeworfen werden kann.

Dennoch begegneten die ehemaligen Kriegsgegner der im Jahr 1927 vollendeten Aktensammlung mit Misstrauen. Daher war es verständlich, dass nach dem Zweiten Weltkrieg die Westalliierten die Dokumentation der deutschen Außenpolitik zwischen den Weltkriegen zunächst in eigene Regie nahmen. Erst nach der Rückgabe der Akten des Politischen Archivs an die demokratisch gefestigte und nun verbündete Bundesrepublik konnte die deutsche Seite 1961 zum Partner am nunmehrigen Viermächteprojekt »Akten zur deutschen auswärtigen Politik 1918–1945« aufsteigen, das 1995 abgeschlossen werden konnte. Diese Edition stellt nach wie vor einen einmaligen Sonderfall dar, weil Historiker aus unterschiedlichen Ländern gleichberechtigt und in vollständiger wissenschaftlicher Unabhängigkeit in einem internationalen Forschungsprojekt die Außenpolitik eines Staates dokumentierten. Alle anderen großen Editionen diplomatischer Akten sind nationale Unternehmungen, so auch wieder die »Akten zur Auswärtigen Politik der Bundesrepublik Deutschland«, die das Institut für Zeitgeschichte seit 1993 im Auftrag des Auswärtigen Amts publiziert.

Peter Grupp

AUSWÄRTIGES AMT: Nicht nur den Schreibern zahlreicher Briefe, die das Ministerium täglich erreichen, ist der Name offensichtlich allzu schlicht. Er scheint Assoziationen an Forstämter oder Landratsämter zu wecken und das Bedürfnis, durch Zusätze verschiedenster Art den eigentlichen Status des Adressaten deutlicher auszudrücken. Auch auf dem »Verteiler« der Bundesregierung hebt er sich unübersehbar ab von der nachfolgenden Reihe Bundesministerium des Innern, Bundesministerium der Finanzen, Bundesministerium der Justiz … Der Schöpfer der Behörde und ihres Namens, Otto von Bismarck, preußischer Ministerpräsident, Außenminister und Bundeskanzler des 1867 errichteten Norddeutschen Bundes, hatte im Jahre 1870 handfeste verfassungsrechtliche Gründe, der neuen Einrichtung zur Besorgung der auswärtigen Geschäfte dieses Bundes die Bezeichnung »Ministerium« zu versagen. War die vom Norddeutschen Reichstag durchgesetzte Schaffung wenigstens eines zentralen, verantwortlichen und formell von Preußen unabhängigen Bundesorgans, eben des Bundeskanzlers, letztlich auch seinen Intentionen entgegengekommen, so verweigerte sich Bismarck jedem Ausbau einer Zentralgewalt des Bundes durch Schaffung weiterer verantwortlicher Bundesminister. Er beharrte darauf, dass die Außenbeziehungen einen Teil der Geschäfte des Bundeskanzlers, »nicht den Wirkungskreis eines verfassungsmäßigen Ministers« darstellten und folglich die neue Behörde auch nicht Ministerium heißen könne. Vielmehr sollte dem Bundeskanzleramt, das unter seiner Leitung die inneren Geschäfte des Bundes versehe, ein »Auswärtiges Amt« zur Wahrnehmung der auswärtigen Angelegenheiten zur Seite gestellt werden. Der preußische König Wilhelm I., laut Verfassung zugleich »Präsidium« des Norddeutschen Bundes, vollzog die entsprechende Kabinettsorder am 4. Januar 1870. Ob der von Bismarck auch »des kürzeren Ausdrucks wegen« empfohlene Name zusätzlich vom englischen Vorbild inspiriert war, ist nicht sicher auszumachen, auf jeden Fall bürgerte er sich rasch ein.

Berlin, den 2 Februar 1919.   Zu I 5497.

An

das Reichsministerium des In-   Auf das gef.Schreiben vom 19.d.Mts. -
nern.   I A 3236 -.

                                            Die Frage der künftigen Fir-
                                     mierung des ~~mir untersiehenden Ressorts~~
                                     kann erst dann endgültig geregelt wer-
Dem Hn.Minister vorzulegen!   den, wenn seine Stellung im preussi-
----------------------------------   schen Staatsverband ~~geregelt ist. Bis~~
                                     ~~dahin möchte ich jedenfalls~~ Wert darauf
                                     legen, dass die Firmierung in allen
                                     das Reich betreffenden Angelegenheiten
                                     auch weiterhin »Auswärtiges Amt« lau-
Ref:V.K.Hoffmann (i.V.)   tet. Von einer entsprechenden Verfügung
                                     für den inneren Dienstbetrieb ~~habe ich~~
                                     mit Rücksicht auf die eingangs erwähn-
                                     ten Gründe einstweilen ~~abgesehen~~ So-
                                     bald sie erfolgen kann, werde ich
22 FEB 1919   nicht verfehlen, dem Reichsministerium
                                     des Innern ~~davon~~ Mitteilung ~~zu machen.~~
                                            (Name d. Hn. Ministers)
1 1 MRZ 1919   J.V.

                                     i.A. gez. Gf. Brockdorff-Rantzau

                                     Ge
                                     20175
                                     ab 15.3.

Da die Reichsverfassung ebenfalls keine parlamentarisch verantwortlichen Minister neben dem Reichskanzler kannte, brauchte sich 1871 nichts zu ändern, und alle übrigen, nach und nach aus dem Reichskanzleramt ausgegliederten Ressorts hießen entsprechend Reichsamt des Innern, Reichsschatzamt et cetera. Erst die republikanische Staatsform brachte 1919 auch die Einführung eines verantwortlichen Reichskabinetts und die Umwandlung der bisherigen Reichsämter in selbständige Reichsministerien mit Reichsministern statt nur Staatssekretären an der Spitze. Folgerichtig änderten sich auch die Bezeichnungen. Nicht so beim Auswärtigen Amt. Die traditionsbewusste Behörde zog es vor, als einzige den angestammten und in der internationalen Diplomatie eingeführten Namen zu behalten, auch wenn er nun nicht mehr in der Verfassung seine Begründung fand. Die Antwort auf eine entsprechende Umfrage des Reichsministers des Innern vom Februar 1919 zeigt, dass sich der erste Reichsminister des Auswärtigen, Ulrich Graf Brockdorff-Rantzau, den Vorschlag von Unterstaatssekretär Langwerth von Simmern zu eigen gemacht hatte. Als sechs Jahre nach dem Ende des Deutschen Reiches die Bundesrepublik Deutschland ihre auswärtigen Beziehungen wieder weitgehend selbständig wahrnehmen konnte, gab es kaum Zweifel oder Diskussionen, wie das dafür verantwortliche neuzugründende Ministerium heißen sollte – seit dem 15. März 1951 gibt es wieder das Auswärtige Amt.

Maria Keipert

IM WINTER 1918/19 ereignete sich in Deutschland die große Zeitenwende. Niederlage, Waffenstillstand, Revolution, Abdankung jahrhundertealter Dynastien, Räteherrschaft. »Das Alte, Morsche, die Monarchie, ist zusammengebrochen!«, rief Philipp Scheidemann vom Balkon des Reichstages aus. Was aber richtete das Ende der alten Ordnung, der Umsturz, die große Katharsis in einer Reichsbehörde, im Auswärtigen Amt, an? Milde revolutionäre Wallungen ereigneten sich auch hier: Am 11. November 1918 wurde ein Aufruf zur Wahl eines Arbeiterrates an die »Amtsgenossen!« verteilt, unterzeichnet von acht Beamten aller Ränge, in dem es hiess: »Die neue Staatsverfassung unseres deutschen Vaterlandes soll auf dem Willen des arbeitenden Volkes beruhen. Auch wir, die wir im auswärtigen Dienst tätig sind, auch wir sind Arbeiter.« Zu den Unterzeichnern gehörte auch der Direktor der Personal- und Verwaltungsabteilung, und auf ihn dürfte wohl die Aufforderung zurückzuführen sein: »Der Dienst ist bis zum Eintritt etwaiger Änderungen in der bisherigen Weise fortzuführen.«

Genauso geschah es, die Beamten erschienen pünktlich zum Dienst, die Post funktionierte, politische Berichte gingen ein und mussten bearbeitet werden. Fragen der großen Politik, des kommenden Friedensvertrages in allererster Linie, aber auch ganz beliebige Sachen, die vor drei Monaten »auf Wiedervorlage« gelegt und nun von den nie versagenden Registraturbeamten herausgesucht wurden. In der Personalabteilung wollten wie zu allen Zeiten Reisekostenabrechnungen genau überprüft werden, ob auch wirklich die kürzeste Verbindung gewählt wurde, ungeachtet, ob sich gerade Weltgeschichtliches ereignete. Am 12. November 1918 wird – Ordnung muss sein – an alle Vertretungen der Erlass gerichtet, auf den Briefköpfen sei nun vor Absendung das »Kaiserlich« vor »Deutsche Gesandtschaft« oder »Deutsches Konsulat« durchzustreichen. Ernennungen und Entlassungen zeichnet jetzt der »Rat der Volksbeauftragten«, und seinen Abgesandten werden widerwillig auch

1.825
1682.

Mit Befremden habe ich wahrnehmen müssen, daß zur Zeit
Herren und Damen aus der Beamtenschaft in den Gängen des Amts
untätig herumstehen und sich anscheinend über die Lage unterhalten. Es sind heute sogar einige von diesen auf dem Dache
Umschau haltend beobachtet worden. Abgesehen von der Lebens-
gefahr, in die sich letztere mutwillig begeben hatten, da
sie aus der Ferne leicht für Signale gebende Anhänger der
Gegenpartei hätten angesprochen und beschossen werden können,
muß ich ein solches Verhalten in hohem Grade mißbilligen und
verbiete es hiermit für die Zukunft. Ich spreche die Erwartung aus, daß dieser Hinweis genügen wird, um mir schärfere
Verfügungen zu ersparen.

     Berlin, den 11. Januar 1919.

    Je ein Abdruck wird den Herren Direktoren und Bürovorste-
hern mit dem Ersuchen ergebenst vorgelegt, die ihnen unter-
stellten Beamten und Beamtinnen entsprechend zu verständigen.

die Archive geöffnet. Anfang 1919 wird ein verhasster alter Zopf, die hermetische Trennung von diplomatischer und konsularischer Laufbahn, aufgehoben. Aber alles andere geht wie immer, und beim Blättern in den Akten aus jenen Wochen ist das Besondere der Zeit nur an geringfügigen Nachlässigkeiten und an der besonders erbärmlichen Qualität des Papiers zu erkennen.

Im Januar 1919 wird die Revolution in den Straßen Berlins jedoch gewalttätig, der Spartakistenaufstand bricht aus und will revolutionäre Tatsachen schaffen, bevor eine deutsche Nationalversammlung anderes beschließen könnte. Unter dem Befehl des mehrheitssozialistischen Volksbeauftragten Gustav Noske schlagen reguläre Truppen und Freikorpsverbände den Aufstand nieder, doch angesichts der Straßenkämpfe in Berlin ergreift die Unruhe auch die Beschäftigten des Auswärtigen Amts. Sie greifen nicht zum Gewehr und klettern auch nicht auf Barrikaden, aber sie verlassen ihre Schreibtische, stehen »untätig« auf den Gängen des Amts und unterhalten sich »anscheinend über die Lage«. Unerhört! Um bessere Sicht auf das Geschehen zu haben, steigen sie gar auf die Dächer. Ulrich Graf Brockdorff-Rantzau, seit dem Jahreswechsel Staatssekretär des Auswärtigen Amts und kommender erster deutscher Außenminister, muss eingreifen und den Anfängen von revolutionärem Chaos entgegentreten. Er unterzeichnet den abgebildeten Hauserlass, der offenbar seine Wirkung nicht verfehlt. Denn von den angedrohten »schärferen Verfügungen« findet sich nichts in den Akten des Auswärtigen Amts, die überhaupt nur ganz wenige Spuren über die Revolution 1918/19 enthalten.

Gerhard Keiper

»Niemand ist verpflichtet, seine religiöse Überzeugung zu offenbaren.« Artikel 136 der Verfassung des Deutschen Reiches vom 11. August 1919 bestimmte dies sehr eindeutig. Gleichwohl stand die Frage nach der Konfessionszugehörigkeit auf dem Personalfragebogen des Auswärtigen Amts, den Walther Rathenau ausfüllen musste. Er schrieb folglich mit einigem Recht in die vorgesehene Zeile: »Diese Frage entspricht nicht der Verfassung«. Dabei gab es vermutlich niemanden im Amt, der nicht über den jüdischen Glauben des neuen Ministers Bescheid wusste. Rathenaus Fragebogen ist zum größten Teil mit der Maschine getippt, diesen Satz aber hat er handschriftlich eingetragen. Er ist spontan geschrieben und entspringt deshalb wohl keiner besonderen verfassungsrechtlichen Überlegung. Deshalb mag etwas Wahres daran sein, wenn vermutet wurde, er könne sich über antisemitische Verleumdungen geärgert haben. Diese hatten zwar seine Karriere in Wirtschaft und Politik stets begleitet, kochten aber erneut hoch, als er am 31. Januar 1922 zum Reichsaußenminister ernannt wurde.

Die Behörde, der er damit vorstand, war ein Bollwerk der Tradition, die Außenseiter von jeher mit Argwohn betrachtete. Wer dort Karriere machen wollte, dem waren eine preußisch-adlige Abstammung und die protestantische Konfession die hilfreichsten Voraussetzungen, daneben das juristische Studium, etwas Auslandserfahrung durch Reisen, Verwaltungskenntnisse an kleineren Gerichten oder einem Regierungspräsidium, darüber hinaus ein gewisser Wohlstand und verwandtschaftliche Beziehungen. Dann konnte ein Diplomat es weit bringen, auch zum Außenminister. Antisemitismus war unter Diplomaten nicht virulenter als anderswo in der gebildeten großbürgerlich-aristokratischen Oberschicht, aus der sie sich rekrutierten. Dennoch war das Auswärtigen Amt für bekennende Juden oder jemanden, den man seiner christlichen Konfession zum Trotz für einen »Juden« hielt, niemals ein karriereträchtiger Ort gewesen.

<u>Personal-Bogen.</u>

1. Name und Vornamen. (Rufnamen unterstreichen)	Rathenau, Dr. <u>Walther</u>
2. Tag und Jahr der Geburt.	29. September 1867
3. Ort der Geburt. In welchem Staate gelegen?	Berlin
4. Welche Staatsangehörigkeit besitzen Sie gegenwärtig?	Preussen
5. Zu welcher Konfession bekennen Sie sich?	*Diese Frage entspricht nicht der Verfassung*
6. Name der Eltern. Stellung des Vaters.	Geheimer Baurat Dr.ing. und Dr.phil.h.c. Emil Rathenau, Mathilde geb. Nachmann Generaldirektor der A.E.G.
7. Sind Sie verheiratet? Wenn ja, seit wann? Welchen Namen führte Ihre Gattin bis zu ihrer Vermählung? Stand des Vaters der Frau.	nein
8. Schulbesuch. Wo und auf welchen Anstalten?	Wilhelms-Gymnasium Berlin
9. Haben Sie, (gegebenenfalls wo und wie lange) studiert? Welcher Fakultät haben Sie angehört?	Berlin, Strassburg, Berlin Technische Hochschule München
10. Haben Sie promoviert? Wenn ja, wann und wo?	Universität Berlin 1889 zum Dr.phil.

Herbert von Bismarck, Sohn des berühmteren Vaters, hatte als Staatssekretär in den Jahren 1886 bis 1890 jüdische Bewerber – er sprach bevorzugt von »Judenbengeln« – abgelehnt, weil sie, »selbst wenn sie Begabung haben, doch immer taktlos und aufdringlich werden, sobald sie in bevorzugte Stellungen kommen«. Einer wie Friedrich von Holstein, der im Amt ebenfalls großen Einfluss hatte, lehnte »Vollblut-Semiten« ab: »Halbblut haben wir die Menge.« Der Geheimrat war »fest überzeugt«, dass man den Anfängen wehren müsse, damit nicht durch die von einem »gemachte Bresche alsbald mehrere von seinesgleichen nachdrängen werden«. Die gegenteilige Sichtweise hatte ebenfalls ihre einflussreichen Anhänger. Paul Graf von Hatzfeldt, deutscher Botschafter in London bis 1901, schrieb einmal an Holstein: »Meine Ansichten über den Antisemitismus kennen Sie. Ich halte ihn für einen verderblichen Wahnsinn, dem man längst hätte entgegentreten sollen.« Auch der Reichskanzler der Jahre 1894 bis 1900, Chlodwig Fürst zu Hohenlohe-Schillingsfürst, süddeutscher Katholik im protestantischen Berliner Umfeld, meinte, »Bedenken wegen der israelitischen Abstammung dürften gegenüber den derzeitigen und früheren Beamten des Auswärtigen Amts, die sich in demselben Fall befinden, nicht ins Gewicht fallen. Ich erinnere an Leyden, Kayser, Berchem und Styrum.« Hohenlohes Hinweis auf die »Abstammung« ist sehr präzise, denn die vier Genannten waren ihrem Selbstverständnis nach Christen, zwei Katholiken, zwei Protestanten. Die Verhältnisse blieben so: Es gab keine Juden im Amt, und nur wenige, die man als »Juden« empfand. Auch ein Krieg, eine Niederlage und eine kraftlose Revolution konnten dies nicht ändern. Rathenaus Berufung zum Außenminister war eine Ausnahme … und blieb es.

Vielleicht fühlte sich mancher in seinen Vorurteilen auch nur bestätigt durch die hochmütige Art, in der er mit den Diplomaten umging, wenn er ihnen wirtschaftlichen Sachverstand absprach; durch seine außenpolitische Unerfahrenheit, die den zuarbeitenden Beamten nicht verborgen blieb; durch sein Scheitern im Bemühen um Verständigung mit den ehemaligen Kriegsgegnern und um erträgliche Reparationen. Dessen ungeachtet hiess es im Nachruf des Auswärtigen Amts für den

von einem rechtsradikalen Killerkommando am 24. Juni 1922 ermordeten Minister, »er habe die Herzen seiner Beamten und Angestellten
gewonnen«.

Martin Kröger

KÖLN war seit dem Ende des Ersten Weltkriegs Teil des von fremden Truppen besetzten deutschen Gebietes. Nach den Bestimmungen des Versailler Vertrags sollte die Besatzung dieser sogenannten »Kölner Zone« am 10. Januar 1925 enden. Die beiden anderen Zonen hätten dann in jeweils fünfjährigem Abstand folgen müssen. Die französische Regierung verhinderte jedoch die Räumung mit dem Hinweis auf die unvollständige Entwaffnung Deutschlands. Ein Motiv für diese Weigerung war Frankreichs Sicherheitsbedürfnis gegenüber dem deutschen Nachbarn. Darüber hinaus war es der Wunsch, ein Pfand für die Wiederaufnahme deutscher Reparationsleistungen in der Hand zu behalten. Das passte Konrad Adenauer, der seit 1917 als Oberbürgermeister die Geschicke der Domstadt leitete, überhaupt nicht. Und so bat er am 29. Dezember 1924 Reichsaußenminister Gustav Stresemann um dessen Einverständnis für eine geplante Protestveranstaltung der Stadtverordnetenversammlung.

Besondere Brisanz hatte diese Anfrage vor dem Hintergrund des gespannten Verhältnisses der beiden nahezu gleichaltrigen Politiker. Während der Ruhrkrise waren sie 1923 über der Frage der Schaffung eines »Rheinstaates« zu Kontrahenten geworden. Dabei hatten weniger persönliche Gegensätze – preußischer Protestant, rheinischer Katholik – als vielmehr unterschiedliche Interessen institutioneller Art eine Rolle gespielt. Genoss für den Außenminister die Integrität des Reichs höchste Priorität, so musste das Oberhaupt einer von wirtschaftlichen und sozialen Krisen geschüttelten Stadt konkrete Erleichterungen anstreben. Stresemann hatte sich damals ganz entschieden jedes eigenmächtige Agieren Adenauers verbeten.

Nun akzeptierte der Oberbürgermeister wieder einmal die Außenpolitik als Domäne Stresemanns. Der Minister würdigte die »Unterwerfungsgeste« und kam dem früheren Widersacher großzügig entgegen, indem er ihn umgehend persönlich von seiner Zustimmung benach-

03017

[handschriftliche Notizen:] 21/I
Telefonisch
Frau Adenauer
mitgeteilt daß
keine Bedenken

Köln, den 29. Dezember 1924.

L

2. Jan. 1925

Hochverehrter Herr Reichsminister !

Die Kölner Stadtverordneten-Versammlung wird an
der Tatsache der Nichträumung der Kölner Zone am 10. Januar nicht stillschweigend vorübergehen können. Es ist
beabsichtigt, in einer am 8. Januar stattfindenden
Stadtverordneten-Versammlung durch mich, als deren Vorsitzenden, eine gemeinsame Erklärung aller Parteien mit
Ausnahme der Kommunisten zur Verlesung bringen zu lassen.
Der Jnhalt der Erklärung wird naturgemäss im einzelnen
abhängen von dem Stande der diplomatischen Verhandlungen.
Jch bin deswegen auch nicht in der Lage, Jhnen einen
Wortlaut vorlegen zu können. Jch wäre Jhnen aber dank-
bar für eine Mitteilung, ob Sie gegen eine solche Kund-
gebung keine Bedenken ausserpolitischer Natur haben.

Jch

Jch bin, hochverehrter Herr Reichsminister,
in ausgezeichneter Hochachtung

Jhr sehr ergebener

richtigte. »Telephonisch Frau Adenauer mitgeteilt, dass kein Bedenken«, notierte er handschriftlich auf dem Schreiben. Offensichtlich hat er also selbst im Hause Adenauer angerufen, ein durchaus ungewöhnlicher Vorgang. Stresemann sah durch das französische Vorgehen seine Politik der Verständigung mit den Siegermächten, die er gegen stärkste innenpolitische Widerstände durchsetzen musste, auf das äußerste diskreditiert. »Die vernünftigen Leute verlieren den Boden unter den Füssen, die Extremen haben Oberwasser und werden ihre Situation ausnutzen«, warnte er vor den Folgen der alliierten Weigerung. Trotz seiner Enttäuschung – er sprach vom »Bankrott« seiner Außenpolitik – hielt er konsequent am einmal eingeschlagenen Weg des Ausgleichs fest. In diesem Sinne beschwor er Adenauer am 7. Januar 1925, dass sich der Kölner Protest aller Angriffe auf die Alliierten enthalten möge. Das Stadtoberhaupt solle vielmehr betonen, dass Deutschland bereit sei, den übernommenen internationalen Verpflichtungen nachzukommen, selbst wenn die Gegenseite dies nicht tue. Adenauer bemerkte zwar, dass »manchem die deutsche Antwortnote im Ton zu milde erscheinen wird«, fügte sich aber dem Wunsch Stresemanns und hielt eine emotionsgeladene, doch moderate Rede.

Die Annäherung zwischen beiden Politikern war nicht von langer Dauer. Bereits ein Jahr später wusste Stresemann eine Kanzlerschaft des Zentrumspolitikers, der dem Kurs seiner Außenpolitik nie vorbehaltlos zugestimmt hatte, zu verhindern. Adenauer erreichte das Ziel dann doch, wenn auch mit gehöriger Verzögerung und unter völlig veränderten Rahmenbedingungen in der Bonner Republik, und auch dem Konzept Stresemanns war Erfolg beschieden. Aus der »Kölner Zone« zogen die Besatzungstruppen zwischen dem 30. November 1925 und dem 31. Januar 1926 ab, und den Rest des besetzten Rheinlands verließen die Alliierten vorzeitig im Juni 1930 – was allerdings der am 3. Oktober 1929 verstorbene Minister, der wie kein zweiter die Außenpolitik der Weimarer Republik geprägt hatte, nicht mehr erleben sollte.

Ursula Gehring-Münzel

Im Februar 1928 weilte der afghanische König Aman Ullah zu einem
Staatsbesuch in Berlin. Die Bevölkerung war begeistert, der König hoch-
populär, Chansons wurden gedichtet – noch heute ist die Rede vom
S-Bahn-Wagen, den der Monarch angeblich selbst steuerte. Es war der
erste offizielle Besuch eines fremden Staatsoberhaupts in der Weimarer
Republik, der glanzvolle Staatsakte der Kaiserzeit und damit »bessere«
Zeiten in Erinnerung rief. Die Visite symbolisiert auch den Wiederein-
tritt des Reichs in das Konzert der Mächte.

In der allgemeinen Freude gab es aber auch Spielverderber. Staatsbe-
suche sind hochgradig ritualisierte Angelegenheiten, die Besuchsabläufe
lange im voraus festgelegt, die Kommuniqués längst ausformuliert, Platz
für Spontaneität gibt es kaum. Dass solche Besuche meist auch Ausdruck
und Abschluss durchaus bedeutungsvoller vorausgehender Ereignisse
sein können, wird von der Öffentlichkeit häufig nicht deutlich erkannt,
und die Empfänge werden als leeres Ritual und Geldverschwendung be-
trachtet. Ähnlich reagierte im Jahre 1928 das »8 Uhr-Abendblatt«, so
dass sich der Reichsminister des Auswärtigen veranlasst sah, gegenüber
dem Herausgeber persönlich zu protestieren. Gustav Stresemann hebt
in dem mit handschriftlichen Ergänzungen und Korrekturen überlie-
ferten Konzept den mohammedanischen Glauben des Staatsgastes und
die orientalische Konzeption der Gastfreundschaft hervor und betont
die Wirkung auf die mohammedanische Welt, Argumente, die auch
heute vertraut klingen. Was er nicht anspricht, ist die Tatsache, dass
Aman Ullah auf derselben Reise mehrere europäische Länder besuchte,
die sich allesamt um seine Gunst bemühten. Des Königs Reise diente
der Sondierung, welches europäische Land am besten die von ihm angestrebte wirtschaftliche und intellektuelle Modernisierung seines Staates zu unterstützen vermochte. Das wusste man im Auswärtigen Amt,
und dementsprechend wurde dem inkriminierten Artikel große Bedeutung beigemessen: Der afghanischen Gesandtschaft gegenüber wurden

Genf, den 10. März 1928.

Viktor H a h n
~~Jerusalemerstr. 50/51~~ *Sanatorium am Königspark*
~~Berlin~~ *Dresden Loschwitz*

,   <u>Tel.offen</u>

Nummer 58 Achtuhr-Abendblattes vom 8.
März bringt Betrachtungen darüber, ob sich der
Aufwand für Aman Ullah gelohnt haben, und stellt
Kontoauszug über Ausgaben und angebliche Einnahmen
gegenüber. *deren Ebbeß*

Jch ~~halte~~ diese Art, deutsche Gastfreundschaft in deutschen Blättern herabzusetzen, ~~für~~
~~wenig geschmackvoll~~, namentlich da es sich um
Gast mohammedanischen Glaubens handelt, dem Gastfreundschaft ein anderer Begriff ist, als ihn
Redaktion Jhres Blattes anscheinend hat./ Jch bin
weit davon entfernt, in redaktionelle Angelegenheiten einzelner Blätter einzugreifen, glaube ~~aber~~ *also*
mich verpflichtet, Sie als Herausgeber des Acht-
Uhrabendblattes auf die ~~wenig taktvolle~~ Behandlung
des Besuchs Aman Ullah's durch Jhre Redaktion hin-
weisen zu müssen.   *Wünschen für Jhre*

Mit besten ~~Grüßen~~

Jhr

[signature]

624981

Bedauern und Empörung der Reichsregierung ausgesprochen, das gleiche geschah in der Reichspressekonferenz, und die Botschafter in Paris und London wurden angewiesen, ähnlich zu reagieren, falls die dortige Presse die Sache aufgreifen sollte.

Der Stellenwert dieses Besuchs innerhalb der Entwicklung des mittlerweile über hundertjährigen deutsch-afghanischen Verhältnisses ist beträchtlich. Die Beziehungen beider Länder blickten bereits 1928 auf eine längere Vorgeschichte zurück. Schon Ende des 19. Jahrhunderts hatte der Emir Abdul Rahman einen Krupp-Mitarbeiter in sein Land geholt. Berühmtheit erlangte die Expedition des Ritters Oskar von Niedermayer und des Legationssekretärs Werner Otto von Hentig, die im Ersten Weltkrieg auf abenteuerliche Weise nach Kabul vordrangen, um das Land als Verbündeten zu gewinnen. Nicht von ungefähr, waren doch Russland und England nicht nur Gegner des Reichs, sondern auch Mächte, die seit langem darin rivalisierten, Afghanistan unter ihren Einfluss zu bringen. Deutschland genoss mehr Sympathien, weil es fähig schien, das Land am Hindukusch auf dem Weg in die Moderne zu helfen, ohne durch zu große geographische Nähe bedrohlich zu wirken. Wenn diese Kontakte und ähnliche Versuche während des Zweiten Weltkriegs auch ohne konkrete Ergebnisse geblieben sind – die afghanischen Herrscher waren stets recht gut fähig, die weltpolitischen Machtverhältnisse korrekt einzuschätzen –, so haben sich doch Traditionen etabliert, die mit dazu führen, dass die Bundesrepublik jetzt in den internationalen Bemühungen um Afghanistan eine bemerkenswert große Rolle spielt. Bezeichnend für die Veränderungen, die sich seit Aman Ullahs Berliner Besuch ergeben haben, ist indes, dass die damals um Afghanistan rivalisierenden Mächte nun mit einem gemeinsamen Ziel im Rahmen der Vereinten Nationen zusammenarbeiten.

Peter Grupp

AM 30. JANUAR 1933 wurde Adolf Hitler zum Reichskanzler ernannt, und am 5. März erreichte die von den Nationalsozialisten beherrschte Regierungskoalition bei den Wahlen zum Reichstag die absolute Mehrheit. Tags darauf stellte der deutsche Botschafter in Washington, Friedrich Wilhelm von Prittwitz und Gaffron, angesichts dieser »innerpolitischen Entscheidung« in einem für den Reichsminister des Auswärtigen persönlich bestimmten Telegramm sein Amt zur Verfügung. Einige Tage später erläuterte er in einem ausführlicheren Brief seinen Entschluss dahin, dass er, dessen allgemein-politische Einstellung »in dem Boden einer freiheitlichen Staatsauffassung und den Grundprinzipien des republikanischen Deutschlands« wurzele, »aus Gründen des persönlichen Anstandes wie solchen der sachlichen Aufgaben« nicht mehr mit Erfolg wirken könne. Denn der Geist, in dem er seine Mitarbeit am politischen Aufbau der letzten Jahre gestaltet habe, sei »nach Ansicht führender Mitglieder der jetzigen Reichsregierung zu verurteilen«.

Dieser Entschluss des Botschafters wird ihm heute hoch angerechnet, war er doch der einzige hochrangige deutsche Diplomat, der solche Konsequenzen zog. Damals beachtete man den Vorgang allerdings weniger. Sowohl Prittwitz als auch das Auswärtige Amt sorgten dafür, dass es zu keinem öffentlichen Eklat kam. Er selbst erklärte sich bereit, die Geschäfte so lange wie nötig weiterzuführen, und er absolvierte ordnungsgemäß am 5. Mai seinen Abschiedsbesuch beim neuen, von ihm abgelehnten Reichskanzler Hitler. Der schon unter den beiden letzten Kanzlern der Weimarer Republik – Franz von Papen und Kurt von Schleicher – zum Minister aufgestiegene Karrierediplomat Konstantin Freiherr von Neurath achtete sorgfältig darauf, dass innerhalb des Amtes die Gründe für die Demission nicht deutlich benannt wurden. Und auch die Nationalsozialisten hüteten sich, die für sie unerfreuliche Affäre an die große Glocke zu hängen.

Prittwitz war allerdings enttäuscht darüber, dass keiner der Kollegen

150a

Telegramm (Geh.Ch.V.)

Washington, den 6. März 1933,   15,28 Uhr

Ankunft,   " 7.   "   "   1,30   "

Nr. 79 vom 6.3.

　　　　　Für Reichsminister persönlich.

　　　　　Angesichts der innerpolitischen Entscheidung in Deutschland halte ich es für meine
Pflicht, Sie zu bitten, dem Herrn Reichspräsidenten mein hiesiges Amt zur Verfügung zu
stellen.

Ganz Geheim!

　　　　　　　　　Prittwitz.

E603500

seinem Beispiel gefolgt ist. Warum war dies so? Zahlreiche Angehö-
rige des von der Revolution des Jahres 1918 personell wenig berührten
Auswärtigen Dienstes verachteten zwar recht offen die proletenhaften
»Nazis« und lehnten viele ihrer diffus-radikalen Ideen ab. Sie tendierten
allerdings auch grundsätzlich eher nach rechts und befürworteten entschieden eine national ausgerichtete, fest auftretende Außenpolitik, wie
sie von den neuen Machthabern zu erwarten war. Andere unterschätzten
schlicht die von den Nationalsozialisten drohende Gefahr und lebten
in der verbreiteten Illusion, die NSDAP könnte von der bürgerlichen
Rechten schon gezähmt werden. Von ihnen allen unterschied sich Prittwitz durch Herkunft und Erfahrung. Er stammte aus einem süddeutsch
geprägten, weltoffenen Milieu, hatte schon in seiner Jugend häufig im
Ausland gelebt und war auf seinem ersten Auslandsposten als Attaché in
Washington in den Jahren 1908 bis 1910 von der dortigen freiheitlichen
Gesellschaft stark beeindruckt worden. Nach dem Weltkrieg orientierte
er sich am linken Flügel der liberalen DDP, für die er auch zum Reichstag kandidierte, eine für einen Berufsdiplomaten bemerkenswerte Hin-
wendung zur aktiven Politik.

Auch der seit 1930 amtierende Staatssekretär des Auswärtigen Amts,
Bernhard Wilhelm von Bülow, hatte 1918 wie Prittwitz und andere
Nachwuchsdiplomaten stark mit den an die Tradition von 1848 anknüp-
fenden liberalen Ideen sympathisiert. Er wählte nun aber einen anderen
Weg und verblieb mit der durchaus nicht unehrenhaften, im Rückblick
aber doch wohl falschen Begründung im Amt, man lasse »sein Land
nicht im Stich, weil es eine schlechte Regierung« habe. Etliche dachten
offensichtlich so. Prittwitz' Reaktion auf die »Machtergreifung« war das
Radikalste, was im diplomatisch-temperierten Milieu des Auswärtigen
Amts zu diesem Zeitpunkt überhaupt erhofft werden konnte. Leib und
Leben wie die Männer des 20. Juli riskierte er nicht. Der Botschafter war
kein zu allem bereiter »Widerständler«, lieferte aber den Beweis dafür,
dass unter den damaligen Umständen aufrechtes, ehrenhaftes Verhalten
möglich war.

Peter Grupp

DIE AKTEN DES AUSWÄRTIGEN AMTS enthalten eine Fülle schriftlicher Ausführungen, Randvermerke, Unterschriften und Paraphen aller bedeutender Persönlichkeiten, die seit der Reichsgründung die deutsche Außenpolitik bestimmt haben. Neben den Ministern hinterlassen die jeweiligen Staatsoberhäupter deutliche Spuren. Vieles kann man Wilhelm II. vorwerfen, nicht jedoch, dass er kein fleißiger Aktenleser gewesen wäre. Bei der Durchsicht der Akten aus seiner Regierungszeit staunt man immer wieder, welch enorme Mengen an Aktenstücken ihm vorgelegt wurden und wie sorgfältig er las und annotierte. Gerade seine Randbemerkungen sind berühmt-berüchtigt und bieten dem Forscher einen ganz eigenen Zugang zum Wesen und Denken des Kaisers. Friedrich Ebert als erster Reichspräsident hielt sich zwar wesentlich stärker zurück, aber auch von ihm finden sich genügend eigenhändige Vermerke in den Akten, und die mit äußerster Sorgfalt ausgeführten Paraphen und Unterschriften des Reichspräsidenten Paul von Hindenburg auf den ihm vorgelegten Schriftstücken sind jedem Benutzer bestens vertraut.

Ganz anders Adolf Hitler. Dem Auswärtigen Amt und seinen traditionsbewussten Mitarbeitern ohnehin nicht wohlgesonnen, dazu wenig geneigt zu ausdauerndem Aktenstudium, ist er zwar die in den Akten am häufigsten genannte, jedoch durch Handschriftliches so gut wie nicht greifbare Person. Daher haben die Historiker bislang schriftliche Weisungen des »Führers« zu wesentlichen Weichenstellungen der deutschen Politik vergeblich gesucht.

Allerdings gehörte es seit dem Tod Hindenburgs am 2. August 1934 zu Hitlers unabdingbaren Pflichten als Staatsoberhaupt, die Bestallungsurkunden höherer Beamter zu unterzeichnen – so am 14. August die Urkunde über die Ernennung des Ministerialrats im Büro des Reichspräsidenten, Oswald Baron von Hoyningen-Huene, zum Gesandten in Lissabon. Die ursprünglich auf Berlin ausgestellte Urkunde wurde dem

Im Namen des Reichs

ernenne ich

den Ministerialrat im Büro des Reichspräsidenten

Dr. Oswald Baron von Hoyningen Huene

zum

Gesandten I. Klasse in Lissabon.

Ich vollziehe diese Urkunde in der Erwartung, daß der Genannte, getreu der Reichsverfassung und den Gesetzen, seine Amtspflichten zum Wohle des Volkes erfüllt und das Vertrauen rechtfertigt, das ihm durch diese Ernennung bewiesen wird. Zugleich sichere ich ihm den besonderen Schutz des Reichs zu.

Berchtesgaden Berlin, den 14. August 1934.

Der Führer und Reichskanzler

[Unterschrift]

[Unterschrift: Frhr. von Neurath]

»Führer und Reichskanzler« nach Berchtesgaden nachgeschickt und wurde dort entsprechend korrigiert. Gegengezeichnet wurde sie vom Chef des betreffenden Ressorts, also dem Reichsminister des Auswärtigen, Konstantin Freiherrn von Neurath. Nach Unterzeichnung werden den Ernannten die Originalurkunden ausgehändigt, während in deren Personalakten nur die Konzepte zurückbleiben, die weder Unterschrift noch Paraphe des Staatsoberhaupts tragen. Nur wenn ein beförderter Beamter seinen privaten Nachlass mit den Ernennungsurkunden dem Politischen Archiv hinterlässt, kehrt eine Originalausfertigung wieder in das Auswärtige Amt zurück. Dies ist indes nur in wenigen Fällen geschehen, so dass solche Urkunden mit Hitlers Unterschrift eher Raritäten sind. Die Mehrzahl der Originale dürfte in privatem Familienbesitz verblieben oder auf dem Autographenmarkt verschwunden sein.

Hoyningen-Huene blieb als Gesandter unverhältnismäßig lange auf dem Posten in Lissabon. Offenbar fand der dem konservativ-großindustriellen Milieu entstammende Baron, der erst 1939 der NSDAP beitrat, einen guten Draht zum Salazar-Regime. Erst in der Endphase des »Dritten Reichs«, als besonders nach dem 20. Juli 1944 das Misstrauen der NS-Machthaber gegenüber den traditionellen Diplomaten nochmals zunahm, löste ihn der seit 1935 der SS angehörende Standartenführer Gustav Adolph von Halem ab. Zum einen wurde auf diesem wichtigen Außenposten ein ideologisch zuverlässiger Vertreter gewünscht, zum anderen war der Wechsel auch Ausdruck für den in diese Zeit fallenden Machtzuwachs des Halem-Förderers Heinrich Himmler. Die ebenfalls von Hitler unterzeichnete Urkunde über die Versetzung Hoyningens in den Wartestand zeichnete der Seiteneinsteiger und Parteimann Joachim von Ribbentrop als Reichsaußenminister gegen. Am Ende des Jahrzehnts, das Hoyningen-Huene in Lissabon verbracht hatte, waren das Auswärtige Amt und vor allem Europa kaum noch wiederzuerkennen.

Peter Grupp

DIE BEOBACHTUNG der »deutschen Emigrantentätigkeit im Ausland« gehörte schon seit Mai 1933 zu den neuen Pflichten der Auslandsvertretungen. Aus den Zentren der frühen Emigration, besonders aus Paris und Prag, war angesichts der Vielfältigkeit der Exilorganisationen, ihrer rasch entstandenen Presse und der intensiv betriebenen Boykott-Propaganda besonders viel zu berichten. Von Interesse waren für das Geheime Staatspolizeiamt in Berlin Meldungen über einzelne Personen aus dem Kreis politisch aktiver Emigranten, weil personenbezogene Informationen Material als Grundlage für Ausbürgerungsanträge dienen konnte. Im Auswärtigen Amt wurde peinlich darauf geachtet, dass die Auslandsvertretungen niemals direkt mit innerdeutschen Behörden, sondern nur mit der Berliner Zentrale korrespondierten. Dort wurde bei den Emigrantenberichten in der Regel die Weiterleitung von Abschriften an die Gestapo verfügt, jedoch der Originalbericht stets zu den eigenen Akten genommen. Die Sammlung von Berichten der Auslandsvertretungen über die Emigranten hat sich im Auswärtigen Amt über alle Kriegs- und Auslagerungswirrnisse erhalten.

Der genaue Umfang lässt sich schwer bestimmen, denn in sehr vielen Fällen wurden die politischen – lange vor den jüdischen – Emigranten mit dem Verlust der Reichsangehörigkeit bestraft. Dann wurden meist auch im Auswärtigen Amt, das bis 1942 jedem Ausbürgerungsersuchen zustimmen musste, die zuvor gesammelten Berichte beim jeweiligen Ausbürgerungsvorgang abgelegt. Trotzdem umfasst die Sammlung mehr als 25 Aktenbände. Sie sind ein veritables Who-is-Who des besseren Deutschland, und man fragt sich unwillkürlich, ob dies den Diplomaten bei ihren Berichten über die Emigranten, darunter viele prominente Politiker, Schriftsteller, Journalisten und Künstler der Weimarer Zeit, nicht auch klar gewesen ist. Der gestanzte Duktus der Behördensprache erlaubt selten einen Rückschluss auf die eigene Haltung der Verfasser. Sich einfach blind und taub zu stellen und über die Emigrantenszene

Deutsche Botschaft
Paris

A 2074.

4 Durchschläge
6 Anlagen

Im Anschluss an den **Bericht**
vom 5.d.M.- A 1731 -

Geheim

Paris, den 27.Mai 1937.

Inhalt: Umtriebe deutscher
Emigranten.

Geheim!

I.   In der Anlage übersende ich Abschriften von 2 mit
Kramer unterzeichneten Briefen, die sich mit der in den Anlagen des Vorberichts behandelten illegalen Propagandatätigkeit
in Deutschland befassen.

II.   Die Anlagen 3-5 beziehen sich ebenfalls auf die
illegale Propaganda, gehen aber von anderen Stellen als Kramer aus.

III.   Als Anlage 6 übersende ich ein illegales Flugblatt
des "Einheitsverbandes der Eisenbahner Deutschlands."

IV.   Als Kurier für Emigrantenorganisationen reist ein
gewisser Herbert Frahm zwischen Frankreich und den nordischen
Ländern. Er hat einen deutschen Reisepass Nr.472,ausgestellt
am 2.Juli 1931 durch das Polizeiamt in Mecklenburg-Schwerin.
In dem Pass befinden sich folgende Personalangaben: geboren
am 18.Dezember 1913 in Lübeck, wohnhaft in Lübeck, Gestalt
gross, Gesicht oval, Farbe der Augen graubraun, Farbe des
Haares dunkelbraun, besondere Kennzeichen keine. In Norwegen
steigt er bei Gunnar Nielsen in Oslo, Sörligatan ab.

     Andere Adressen von durchreisenden Kurieren sind:
Amsterdam, Volkrakstraat 7^{II} bei Wilhelm Müller, Basel, Eichen-
strasse 20 bei August Hegele-Kaeser, Charlottenlund bei Kopenhagen, Johannevej 21^{I} bei Frau Lilly Koedt-Zabaratz.

An

das Auswärtige Amt,

Berlin.

Im Auftrag

gar nicht zu berichten, war an vielen Orten riskant, aus denen auch die wachsamen Landes- und Ortsgruppen der Auslandsorganisation der NSDAP ihre Beobachtungen direkt an die Parteileitung meldeten und somit eine wirksame Kontrolle über den Berichtseifer der Diplomaten boten.

Den Bericht vom 27. Mai 1937 zeichnete der völlig untadelige Gesandtschaftsrat Joachim Kühn, seit dem Jahre 1925 in Paris auf Posten und einer der wenigen Berufsdiplomaten, die niemals der NSDAP beitraten. Nach dem Zweiten Weltkrieg wurde er einer der ersten Mitarbeiter in der nordrhein-westfälischen Staatskanzlei und später Botschafter der Bundesrepublik Deutschland in Ecuador. Kühn standen zur Beobachtung der Pariser Emigrantenszene geheimdienstliche Mittel zur Verfügung, unter anderem ein korrupter Mitarbeiter im Pariser Hauptpostamt. Nur aus solchen Quellen konnte ihm bekannt werden, dass »als Kurier für die Emigrantenorganisationen ein gewisser Herbert Frahm zwischen Frankreich und den nordischen Ländern« reiste. Im Auswärtigen Amt wurde dieser Bericht deshalb bei den wenigen als »Geheim« eingestuften Emigrantenberichten abgelegt. Als die Gestapo etwa ein knappes Jahr später zu dem Ermittlungsergebnis kam, dass Frahm sich in Deutschland vor 1933 als »kommunistischer Jugendredner« betätigt hatte und nun in Norwegen »unter dem Decknamen Willy Brandt Mitarbeiter der marxistischen Tageszeitung ›Arbeiterbladet‹« war, lag damit ausreichendes Material für den Ausbürgerungsantrag vor. Kühns Bericht ist in den Akten des Auswärtigen Amts die erste Erwähnung des Mannes, der diesem Ministerium knapp 30 Jahre später als verantwortlicher Minister vorstehen sollte.

Gerhard Keiper

Laufende Nummer	NAME	Stand oder Gewerbe	Ort der		Kennzeichnung d		
			Geburt	Wohnung	Alter	Gestalt	Ha
√ / 90 /41	Guido Israel Selbiger	Kaufmann	Berlin	Lima,	2. X. 1899	mittel	dunn blo
√ / 91	Lilli Sara Selbiger geb. Zobel	⁒	Berlin- Wilmersdorf	Lima	27 VII. 1903	mittel	schw
√ / 92	Benno Israel Lichtenstein	Schneider	Inowrazlaw	Berlin z. Zt Lima	17 VIII. 1843	gross	bra
√ / 93	Paula Sara Lichtenstein geborne Flatow	ohne	Seeburg	Berlin z. Zt. Lima	20. VI. 1898	gross	gra mel
√ / 94	Karl Alfred Scherer	Handl.- Gehülfe	Bremen	Bremen z. Zt. Lima	14. VI. 1914	über- mittel	dkl blo
√ √ 95	Josef Junek	Erzieher	Rochlitz	Wien z. Zt. Lima	2. X. 1911	mittel- gross	blo
√ √ 96	Gerhard Roessink	Kaufmann	Provin i Westf	Fortbleza- beach z. Zt. Lima	22. III. 1904	gross	hell blo
√ √ 97	Helene Anna Alwine Koch	Kinderpflegerin	Frauenfeld Kanton: Thurgau Schweiz	Davos z. Zt Lima	10. III. 1914	mittel	blo
√ √ 98	Leib Szapira	Geflügelhändler	Czernowitz	Berlin z. Zt Lima	27. V. 1882	mittel	grau mel an Seit
√ √ 99	Georg Jokisch	Schaufenster- Dekorateur	Dobristrow	Zerbst z. Zt. Lima	16 XII. 1910	mittel	dun

rs Be- sondere Kenn- eichen	Kommt von	Reist nach	Datum den Verlängert Verlängert der Vis. Verlängert bis	Grund der Erteilung des Passes oder Dokument auf welchem das Visa erteilt ist	Bemerkungen
line	J 27.10.38		11. III. 1941 / 31. XII. 1941	R.P. № 1048/39 v. 24.VIII.1939 v. Deutschen Konsulat, Lima, gültig bis 23.VIII.1940	
line	J 27.10.38		11. III. 1941 / 31. XII. 1941	R.P. № 1047/39 vom 24.VIII.39 vom Deutschen Konsulat, Lima, gültig bis 23.VIII.1940	
line	J 28.10.38		11. III. 1941 / 31. XII. 1941	R.P. № II 1691/38 v. 13.VIII.38 v. Polizeipräsident in Berlin, Abtlg. II gültig bis 14.VIII.39 verlängert v/6/40 v. Dtsch. Konsulat, Lima	
Reich	J 28.10.38		11. III. 1941 / 31. XII. 1941	R.P. № II 1692/38 v. 13.VIII.38 v. Polizeipräsident Berlin, Abtlg. I gültig bis 14.VIII.39 verlängert v/62/40 v. Dtsch. Kons. Lima	
line			9. IV. 1940 / 31. III. 1943	R.P. № 84865, v. 28.VI.1939 v. Polizeipräsident, Bremen; gültig bis 31.III.1941	
oldkronen und interkiefer			14. V. 1941 / 16. IX. 1942	R.P. № 11265 v. 17. September 1938 v. Polizeipräsident in Wien; gültig bis 16.IX.39 verl. 5.IX.39 bis 16.IX.1942 v. Deutschen Konsulat, Lima	
line			20. V. 1941 / 23. II. 1943	R.P. № 57 vom 24. Februar 1938 v. Deutsches Konsulat, Peará (Brasilien) gültig bis: 24. Februar 1941	
line			6. Mai 1941 / 23. März 1942	R.P. № 145/39 vom 24.III.1939 v. Deutsches Konsulat in Dan... gültig bis 23.III.1940	
atze	J	Vereinigten Staaten von Nordamerika	6. Juni 1941 / 20. März 1942	Fremdenpass № 326-37, vom 19. April 1937, v. Polizeipräsident in Berlin, Abteilung II gültig bis: 20.IV.38 verlängert 14.IV.38 vel. od. verl. bis 20. April 1939	
line			30. IV. 1941 / 3. II. 1943	R.P. № 18/38 ausgestellt: 4.II.1938 vom Oberbürgermeister als Ortspolizeibehörde Herbst gültig bis 3.II.1940; verlängert: 14.II.38 bis 31.V.41 vom ...	

BIS ZUM ERSTEN WELTKRIEG war das Recht der Konsuln, Pässe ausstellen zu dürfen, nicht von Belang gewesen. Man reiste weitgehend ohne Ausweis. Die Konsulate führten lediglich die in ihren Amtsbezirken lebenden Deutschen in einer Matrikel, was vor dem Verlust der Staatsangehörigkeit schützte. Erst die überall verschärften Einreisebestimmungen zwangen dazu, im Ausland stets einen Pass mit sich zu führen. Als Nachweis der von den Konsulaten erstellten Papiere dienten die Passregister. Einem solchen Verzeichnis des Konsulats in Lima aus dem Jahr 1941 entstammt die abgebildete Seite. Peru war kein klassisches Einwanderungsland. Im Vergleich zu Brasilien und Chile war hier die Zahl der Deutschen gering. Auch für jüdische Flüchtlinge war es nicht das Ziel erster Wahl. Deshalb verzeichnet das Passregister für 1941 auch nur 27 Eintragungen. Neun davon betreffen Juden, von denen vier ihren Pass für eine Einreise in die Vereinigten Staaten benötigten. Auch der Geflügelhändler Leib Szapira aus Czernowitz ließ sich dafür den Fremdenpass erneuern. Was mag aus ihm geworden sein? Was mussten der Charlottenburger Kaufmann Guido Selbiger und seine Frau Lilli ertragen? Und was hatten sie aus ihrer Wohnung in der Knesebeckstraße 80 mitnehmen können? Wohin trieb es später Benno und Paula Lichtenstein, die in der Berliner Grünstraße 2 ein Geschäft für Herrenkonfektion aufgegeben hatten? Sie alle mussten sich das diskriminierende »J« in ihre Papiere stempeln lassen. Wer aber war auf den Gedanken gerade einer solchen Kennzeichnung verfallen?

Seit alters her waren Juden kenntlich gemacht worden, und erst ihre Emanzipation im 19. Jahrhundert beseitigte die Reste dieser Praxis. Ergebnis war, »dass die ausländischen Juden sich in ihrem Äußeren nicht von inländischen Juden unterscheiden« – so die bedauernde Bemerkung des SS-Obergruppenführers Reinhard Heydrich nach dem Pogrom vom November 1938. Ja, sie unterschieden sich überhaupt nicht von irgendwem sonst. Dies war insbesondere den Schweizern schon ungünstig aufgefallen. Nach dem sogenannten Anschluss Österreichs suchten nämlich immer mehr Flüchtlinge Schutz im Alpenstaat. Im April 1938 begannen Deutsche und Schweizer daher über eine Kennzeichnung der Juden zu verhandeln. Beide Länder hatten hier und da schon Erfahrungen mit einem in amtliche Dokumente gestempelten »J« gemacht. Darüber hinaus war den Deutschen die Idee mit den demütigenden Beinamen »Sara« und »Israel« gekommen. Als sich Vertreter aus 32 Staaten bei der Flüchtlingskonferenz in Evian im Juli 1938 nicht auf ein gemeinsames Vorgehen einigen konnten, drängten die Schweizer verstärkt darauf, die Juden unter den Flüchtlingen identifizieren zu können.

Friedrich Gaus, Leiter der Rechtsabteilung im Auswärtigen Amt, informierte am 11. Oktober 1938 die Auslandsvertretungen, dass nach einer Vereinbarung mit der Schweiz und einer entsprechenden Verordnung des Reichsinnenministers zukünftig Sichtvermerke in den Pässen deutscher Juden anzubringen seien: »Das Merkmal besteht in einem roten drei cm hohen ›J‹, mit dem der Pass auf Seite 1 links oben durch einen Stempel versehen wird. Auf oder unmittelbar über dem Längsbalken des ›J‹ ist von unten nach oben mit unzerstörbarer Tinte handschriftlich der Tag anzugeben, an dem das ›J‹ in den Pass eingetragen worden ist, also z. B. ›9.10.1938‹. Das Merkmal ist in den Pässen aller Juden deutscher Staatsangehörigkeit von den deutschen Passstellen im Ausland anzubringen, sobald ein neuer Reisepass ausgestellt oder ein bereits vorhandener Pass zur Verlängerung seiner Geltungsdauer vorgelegt wird. Die Anbringung des Merkmals in den Pässen erfolgt gebührenfrei.«

Noch im entferntesten Winkel, in den sich Juden flüchteten, waren sie nicht sicher vor dem Hass, der sie aus ihrer Heimat vertrieben hatte, und der sie, wenn sie geblieben wären, das Leben gekostet hätte. Es war der Schweizer Wunsch, sie beim Grenzübertritt erkennen zu können, der den Deutschen ein probates Mittel zur Stigmatisierung ihrer Opfer an die Hand gab, auf das sie bis zu diesem Zeitpunkt noch nicht selbst gekommen waren.

Martin Kröger

DIE SCHLIMMSTEN VORDENKER DER VERNICHTUNG saßen möglicherweise an anderen Schreibtischen als denen des Auswärtigen Amts. Doch in der Wilhelmstraße 74–76 saßen gleichfalls Zuschauer, Mitläufer und Täter des Holocaust in ihren Büros. So heckte hier beispielsweise der Judenreferent Franz Rademacher den »Madagaskarplan« aus, der die europäischen Juden ans andere Ende der Welt vertreiben sollte. Auch zur Konferenz der Mordexperten an den Wannsee entsandte das Auswärtige Amt 1942 einen Teilnehmer: Unterstaatssekretär Martin Luthers Protokollexemplar blieb als einziges für die Nachwelt erhalten.

Diplomaten konnten sich durchaus als Initiatoren des Geschehens hervortun, wie etwa im Frühjahr 1942. Auf der Wannseekonferenz war zuvor beschlossen worden, die »Endlösung der Judenfrage« in Westeuropa zu beginnen. Adolf Eichmann, Leiter des »Referats IV B 4 (Judenangelegenheiten und Räumung)«, fragte im Auswärtigen Amt nach, ob Bedenken bestünden gegen die Abschiebung von 1000 Juden in das Konzentrationslager Auschwitz. Es handele sich um eine Sühnemaßnahme für Anschläge gegen Wehrmachtsangehörige, und die französischen und staatenlosen Juden seien bereits in einem Lager in Compiègne zusammengefasst. Einige Tage darauf erhöhte Eichmann die Zahl der nach Auschwitz abzuschiebenden Personen um weitere 5000 »staatspolizeilich in Erscheinung getretene Juden«. Von den beiden Anfragen nahmen der Leiter der Politischen Abteilung Ernst Woermann sowie Staatssekretär Ernst Freiherr von Weizsäcker Kenntnis. Luther unterschrieb die entsprechenden Telegramme an die deutsche Botschaft in Paris. Von dort antwortete der Botschaftsrat Rudolf Schleier, dass es »gegen beabsichtigte Judenaktion keine Bedenken« gäbe. Daraufhin entwarf der Jurist Kurt Weege, der nur vorübergehend in dem mit der »Judenfrage« befassten Referat tätig war, die Antwort an Eichmann. Rademacher strich den letzten Satz, bevor

Berlin, den 20. März 1942 (Fck)   zu D III 265 g
                                            272 g

1. An

    das Reichssicherheitshauptamt
        - IV B 4 -
        z.Hd. von SS-Obersturmbannführer
              Eichmann   **Geheim**

        B e r l i n W 62

        Kurfürstenstr.116

    Auf die dortigen Schnellbriefe   St.S.
    vom 9. März 1942 - IV B 4 a -   U.St.S. Pol
    - 3233/41 g (1550) - und vom   U.St.S. D
    11. März 1942 - IV B 4 a - 3233/41g
              (1085)

    Betrifft: Evakuierung von 6.000 Juden   Schnellbrief!
                  aus Frankreich.
                                            Seitens des Auswärtigen Amts
                                        bestehen keine Bedenken gegen die
    Ref.: LR Rademacher   geplante Abschiebung von insgesamt
          LS Weege   6.000 Juden französischer Staats-
                                        angehörigkeit bzw. staatenlosen
                                        Juden nach dem Konzentrationslager
                                        Auschwitz (Oberschlesien). Sei-
                                        tens der Deutschen Botschaft Paris
                                        sind ebenfalls Bedenken nicht ge-
                                        äußert worden.

                                                Im Auftrag
                                                gez. Rademacher

2. z.d.A.

                K210156

                                261425

das Konzept die Hierarchiestufen über Luther und Woermann hochgereicht wurde und zuletzt Weizsäcker vorlag, der wesentliche Änderungen vornahm. Ein Sonderbote brachte den Schnellbrief ins Reichssicherheitshauptamt: »Seitens des Auswärtigen Amts wird gegen die Abschiebung von insgesamt 6000 polizeilich näher charakterisierten Juden französischer Staatsangehörigkeit bzw. staatenloser Juden nach dem Konzentrationslager Auschwitz (Oberschlesien) kein Einspruch erhoben.«

Gegenüber den ursprünglich von Eichmann stammenden, von Schleier und Rademacher übernommenen Worten »keine Bedenken« wählte Weizsäcker die von ihm offenbar als schwächer empfundene Formel, dass seitens des Auswärtigen Amts »kein Einspruch erhoben« werde. In gleicher Weise ist auch der eingefügte Passus, die Juden seien »polizeilich näher charakterisiert«, zu verstehen. Der Staatssekretär legte wohl absichtlich Nachdruck in die Tatsache, dass es sich um Kriminelle handelte. Eichmann selbst hatte doch die Juden als »staatspolizeilich in Erscheinung getreten« bezeichnet und von Sühnemaßnahmen für vorangegangene Anschläge gegen deutsche Soldaten geschrieben. Lag es da nicht nahe, die Juden vorsichtshalber zu kriminalisieren, bevor man sie deportierte? Derartige Argumente – rückblickend scheinen sie bloß zur Beruhigung der Skrupel angesichts des eigenen Tuns geeignet – erwiesen sich gleich bei der nächsten »Judenaktion« als bedeutungslos. Als Eichmann im Juli 1942 den Transport von 90000 Juden aus Westeuropa »in täglich verkehrenden Sonderzügen zu je 1000 Personen« ankündigte, bat Botschafter Otto Abetz aus Paris darum, die Maßnahme in einer Form durchzuführen, »die das in der letzten Zeit gewachsene antisemitische Gefühl ständig weiter erhöht«. Dieses Mal zeichnete Weizsäcker kommentarlos ab, dass das Auswärtige Amt »grundsätzlich keine Bedenken« hege.

Ihre Kenntnis um die geschilderten Vorgänge führte nach dem Zweiten Weltkrieg zur Verurteilung Woermanns und Weizsäckers im Nürnberger »Wilhelmstraßen-Prozess«. Das amerikanische Gericht zweifelte 1949 nicht daran, dass die beiden über die Tötungsabsichten Bescheid wussten. Nach allem, was man heutzutage weiß, muss man davon ausgehen, dass das Tribunal mit dieser Einschätzung richtig gelegen hat. Der britische Historiker Christopher Browning bezeichnete die Ereignisse im März 1942 als Versuchsläufe auf dem Weg zur »Endlösung«. Statt sich zu bedenken, half die Diplomatie hieran aktiv mit.

Martin Kröger

1944

PAPIER IST GEDULDIG, aber Personalakten sind gnadenlos. Herkunft und Zukunft, Qualifikation und Denunziation, das Duell, Disziplinarisches, die Ehescheidung, auch Spielschulden, ein psychiatrisches Gutachten, zuletzt der Abschiedsbrief eines Selbstmörders. Alles ist drin: das pralle Leben und der bittere Tod. Ein Nachtmahr für Datenschützer, die »Freude« des Historikers. Alles Weitere regelt das Archivgesetz. Doch auch die historischen Personalakten des Auswärtigen Amts sind nur scheinbar das getreue Abbild des ganzen Staatsdieners, denn sie folgen keiner stets gleichen Struktur, unterliegen über die Zeit Veränderungen, sind teilweise im Krieg zerstört worden. Es entstehen zufällige Disparitäten der Überlieferung. Da wird dann Kleines ganz groß: einer klaut Briefmarken, und es werden sieben Aktenbände daraus. Und Bedeutendes wird banal: einer widersteht dem Tyrannen, und es bleiben nur wenige Zettel mit der Frage, was sein Tod für die Verbuchungsstelle bedeutet?

Hans-Bernd von Haeften, 1905 in Charlottenburg geboren, wurde im Mai 1933 in den Auswärtigen Dienst berufen. Nach dem Jurastudium in München und Berlin hatte er ein Jahr als Stipendiat des DAAD am Trinity College in Cambridge verbracht. 1930 bis 1933 arbeitete er als Geschäftsführer der Stresemann-Stiftung. Geprägt von einem liberal-konservativen Elternhaus, war der gläubige Protestant ein Gegner Hitlers und des Nationalsozialismus. Er schloss sich gemeinsam mit seiner Frau Barbara – einer Tochter des liberalen Politikers und Reichsaußenministers der Jahre 1929 bis 1931, Julius Curtius – der Bekennenden Kirche an. Seine diplomatische Laufbahn führte Haeften an die Gesandtschaft in Kopenhagen, als Kulturattaché nach Wien sowie nach Bukarest, wo er für Kulturangelegenheiten und die deutschen Minderheitenfragen zuständig war. 1940 in die Deutschlandabteilung der Zentrale in Berlin versetzt, befasste er sich mit der Koordination der von den deutschen Vertretungen verbreiteten Auslandspropaganda.

82

199

Anzeige
besonders

Vortragender Legationsrat Hans Bernd von
Haeften ist mit Wirkung vom 14. August 1944
aus dem Beamtenverhältnis entlassen worden.

Hiermit vollständig ... Reichshauptkasse zuständig

Herrn V.L.R. Engelmann, Pers. B

mit der Bitte um weitere Veranlassung wegen
der Einstellung der Bezüge vor.

H 644

Trotz seiner Gegnerschaft zum Nationalsozialismus gelang dem jungen Diplomaten eine rasche Karriere. War es denkbar, dass ihn Nazigrößen wie Fritz Todt, Arthur Seyss-Inquart und Franz Alfred Six ungeachtet seiner fehlenden Parteizugehörigkeit dennoch einbinden wollten, als sie ihm lobende Qualifikationen in die Personalakte schrieben? Oder war es die unabdingbar notwendige, indessen niemals vollkommene Mimikry des untergründig Tätigen, dass jene sich täuschen ließen? Jedenfalls stieg Haeften im Februar 1942 zum stellvertretenden Abteilungsleiter der Informationsabteilung auf, und er blieb dies auch in der weit wichtigeren Kulturabteilung. Damit gehörte er zu den ranghöchsten Männern des Widerstands im Auswärtigen Amt. Haeften war Mitglied in der Gruppe um Helmuth James Graf von Moltke auf Gut Kreisau in Schlesien, dem Kreisauer Kreis. Es war geplant, ihn nach dem Attentat auf Hitler zum Staatssekretär des Auswärtigen Amts zu ernennen. Haeften wurde am 15. August 1944 gemeinsam mit seinem Untergebenen und Mitverschwörer Adam von Trott zu Solz vom Volksgerichtshof zum Tode verurteilt.

Wenige Tage nach der noch an diesem 15. August erfolgten Hinrichtung Haeftens in Berlin-Plötzensee schreibt der stellvertretende Leiter der Personal- und Verwaltungsabteilung des Auswärtigen Amts Helmut Bergmann folgende Bleistiftnotiz: »Vortragender Legationsrat Hans-Bernd von Haeften ist mit Wirkung vom 14. August 1944 aus dem Beamtenverhältnis entlassen worden.« Den zuständigen Besoldungsreferenten bittet er »um weitere Veranlassung wegen der Einstellung der Bezüge usw.« Der angeschriebene Rudolf Engelmann – welch sprechender Name in diesem Zusammenhang – »verständigt« umgehend die Reichshauptkasse, die Bezüge Haeftens einzustellen. Eine Abschrift dieser Kassenanordnung hätte dem Betroffenen zugestellt werden müssen. Engelmann tippt also das Anschreiben, streicht das Ganze durch und schreibt an den Rand die Worte »Benachrichtigung entfällt mangels Kenntnis der Anschrift«. Eigentlich haben die beiden Beamten alles richtig gemacht, und doch ist es immer wieder diese bürokratische Korrektheit im System des Terrors, die einen auch nach sechzig Jahren schaudern lässt.

Martin Kröger

GESCHICHTE HAT KEIN ENDE, aber immer wieder einen Anfang. Das ist wohl der Grund, dass selbst aus den rauchenden Trümmern in der Berliner Wilhelmstraße nach der militärischen Kapitulation und der moralischen Katastrophe je wieder ein deutscher Staat mit Hauptstadt, Regierung und Außenbeziehungen entstehen konnte. Selbst wer im Sommer 1945 aus dem Glauben an Weisheit und List der Geschichte Zuversicht bezog, hatte für die politische Zukunft kaum jenen hageren Alten auf der Rechnung, an den man sich doch nur als rheinischen Provinzpolitiker erinnerte. Im Neuanfang war also Adenauer. Das gilt für die Bundesrepublik im Ganzen wie für das Auswärtige Amt im besonderen, hieß doch der erste Außenminister wie der Bundeskanzler Adenauer. Zwar hatten die Besatzungsmächte die deutschen Außenbeziehungen in ihre Hände genommen und gaben sie nur schrittweise wieder zurück. Aber in einem besetzten Land hat jede Innenpolitik ihren außenpolitischen Gehalt. Deshalb gliederte der Alte aus Rhöndorf seinem Kanzleramt schon bald eine Dienststelle für auswärtige Angelegenheiten an – der Nukleus jenes neuen Auswärtigen Amts, das am 15. März 1951 mit altem Namen an neuem Ort und ohne eigenes Haus wieder eingerichtet wurde. Rasch wuchs die Behörde auf 650 Mitarbeiter an, deren Diensträume sich auf 16 Gebäude verteilten. Für einen Neubau erwarb die Bundesregierung mehrere Grundstücke am Bonner Rheinufer und schrieb einen Architektenwettbewerb aus. Den Zuschlag bekam der elfgeschossige Entwurf des Berliner Architekten Hans Freese. Schon dem Preisgericht ragte das geplante Haus allzu hoch in den Bonner Himmel. Es folgten lange Diskussionen über die Beeinträchtigung der Stadtsilhouette. Heute würde man mit 3-D-Simulationen die Zukunft vorwegnehmen. Damals aber hatte das letzte Wort der Bundeskanzler selbst, nachdem man ihm die unvermeidliche Veränderung des Rheinpanoramas mit geliehenen Wetterballons kenntlich gemacht hatte. Eine Stunde kreuzte er auf einem Motorboot der Wasserschutzpolizei vor dem Bauplatz auf und ab.

86

Baugruppe
Bau O 6213-75/51

Betr.: Neubau Auswärtiges Amt.
Hier: Ortsbesichtigung durch den Herrn Bundeskanzler
am 29. November 1951, 9,3o Uhr.

V e r m e r k

Über den Bau des Auswärtigen Amtes fand ein engerer Wettbewerb
im September 1951 statt. Das Preisgericht empfahl der Bundesregierung, den Entwurf des Professor Freese, Berlin, der weiteren
Bearbeitung zugrundezulegen. Auf Anordnung wurden die Pläne im
Bundeskanzleramt ausgestellt. Dem Herrn Bundeskanzler wurde
durch Min.Rat Weil und Oberbaudirektor Badberger am 3o.1o.1951
Vortrag gehalten. Der Herr Bundeskanzler nahm eine ab-
schliessende Stellung zu dem Entwurf nicht ein, da er sich
durch eine Fahrt auf dem Rhein ein Bild von der Höhenentwicklung
des Bauvorhabens machen wollte. Der Entwurf sah 11 Geschosse
vor. Das Preisgericht war der Ansicht, dass es zweckmässig ist,
auf 9 Geschosse den Bau zu beschränken. Der Herr Bundeskanzler
wünschte einen Gerüstaufbau auf dem Grundstück in voller Höhe.
Dieses Gerüst hätte erhebliche Kosten verursacht. Der Herr Abteilungsleiter II, dem die Angelegenheit vorgetragen wurde,
glaubte, die Ausgaben unter den heutigen Verhältnissen nicht vertreten zu können. Die Bundesbaudirektion hatte daher den Vorschlag gemacht, durch Luftballons der Wetterwarte eine Höhen-
marke auf dem Gelände anzubringen. Der Herr Bundeskanzler hat
heute Vormittag durch eine Fahrt mit dem Motorboot der Wasserschutzpolizei sich von der Höhenentwicklung des Neubaues überzeugt. In der etwa einstündigen Fahrt, an der ausser dem Herrn
Bundeskanzler der Herr Staatssekretär Professor Hallstein, Min.-
Rat Weil und Oberbaudirektor Badberger teilnahmen, wurde das
Rheinufer von den verschiedensten Stellen aus begutachtet. Der
Herr Bundeskanzler wies auf den unschönen Hochbau auf der
Plittersdorfer Aue hin, der von den Frankfurter Architekten Apel
entworfen wurde.

In der Besprechung wurde erörtert, dass das Hauptgebäude des
Auswärtigen Amtes rund 5o m hinter der Mauer am Spiritus-Ufer
liegt und durch eine grössere Zahl von hohen Bäumen zum mindest-
sten in seinem unteren Zwei-Drittel gedeckt sein wird.

Der Herr Bundeskanzler warf die Frage auf, ob nicht noch weiteres
Gelände hinzu erworben werden könne, um auf die Weise die Gebäude weniger hoch zu gestalten. Es wird hierzu bemerkt, dass die

AUSWÄRTIGES AMT BONN   VORSCHLAG 4

rweiterung

BLATT 9

Unterabteilung IIB, Dr.Beurlen, bereits ein weiteres Grundstück
erworben hat unter Aufwendung eines Betrages von DM 176 000,00
und noch Gelände erwerben wird im Betrage von rd. DM 45 000,00,
so dass dann insgesamt 21 000 m^2 Gelände zur Verfügung stehen
mit einem Gesamtkostenaufwand von rd. DM 766 000,00. Es müsste, um
die Frage des Herrn Bundeskanzlers beantworten zu können, von
U.Abt.IIB überprüft werden, ob das anschliessende stadtwärts gele-
gene Trümmergrundstück noch verkäuflich ist. Die Bundesbaudirektion
hätte sodann zu überprüfen, ob die Baukosten eines weniger hohen
Gebäudes unter Umständen geringer sind als die einer Bauanlage, deren
Hauptteil 9-geschossig ist, so dass unter Umständen die durch den
Erwerb eines weiteren Grundstücks erforderlichen Mittel zum Teil
durch geringe Baukosten ausgeglichen werden können.

Der Herr Bundeskanzler machte sich Sorge, wie die vielen für die
Bundesministerien benötigten Gebäude nach Verlegen der Bundesregierung nach Berlin verwertet werden können. Er vertrat die Ansicht, dass bei den Neubauten die Gestaltung so sein müsse, dass
in Zukunft Wohnungen dort entstehen. Die Baugruppe und die Bundesbaudirektion sind, soweit es sich um Neu- oder selbständige Er-
weiterungsbauten handelt, bestrebt gewesen, die Grundrissgestal-
tung so vorzunehmen, dass die Gebäude den verschiedensten Zwecken
dienen können und unter Umständen auch ein Interesse mehrerer
Käufer Berücksichtigung finden kann.

Abschliessend ordnete der Herr Bundeskanzler an, dass umgehend
Fotographien von der Rheinbrücke und unterhalb der Rheinbrücke
zu machen sind. In die Fotographien ist das Projekt des Auswärtigen
Amtes einzutragen. Die Bundesbaudirektion hat den Auftrag erhalten,
die Fotographien beschleunigt anfertigen zu lassen.

Herrn
S t a a t s s e k r e t ä r
mit der Bitte um Kenntnisnahme vorzulegen.

gez.Weil

Als ehemaliger Oberbürgermeister Kölns war sich Adenauer sehr bewusst, welche Verantwortung für Landschaft und Stadtansicht er als Bauherr trug. Auch durfte man nicht bloß für Bonn planen, sondern schon im Hinblick auf die künftige Hauptstadt Berlin. Deshalb sollte bereits bei den aktuellen Plänen daran gedacht werden, dass nach einem Umzug der Behörde für das Gebäude leicht und ohne größere Umbaumaßnahmen ein alternatives Nutzungskonzept entwickelt werden konnte, etwa als Wohnhaus. Der Eindruck des Schiffsausflugs vom 29. November 1951 verfehlte seine Wirkung nicht. Adenauer regte an, man solle doch noch weitere Grundstücke hinzuerwerben, um die Gesamthöhe des Gebäudes reduzieren zu können. Zu dieser Zeit störte noch niemanden, dass Breite statt Höhe auch bedeutete, dass man mehr Bäume würde fällen müssen. Es hat sich in den Akten eine genaue Aufstellung des Baumbestandes durch das Garten- und Friedhofsamt der Stadt Bonn erhalten. Leichten Herzens opfert man heutzutage sicher keine Sequoia gigantea mehr für einen Regierungsbau. Andererseits zieren mittlerweile ganz andere Hochbauten die Bonner »Skyline« als jenes neungeschossige Bürogebäude mit den 1112 Fenstern. Schon beim Baubeginn im März 1953 hatte die belgische Zeitung »Le Peuple« getitelt: »In Bonn wird das Provisorische endgültig«. Wenig vorläufig war auch der spätere Entschluss der Stadt Bonn, die U-Bahn-Station nach der Behörde zu benennen.

Tatsächlich war das Auswärtige Amt fast 50 Jahre lang dort untergebracht, bevor es ein neues Domizil in Berlin beziehen konnte. Hartnäckig hält sich hier das Gerücht, dass an der Spree das Gebäude der ehemaligen Reichsbank nur deshalb ausgesucht worden sei, weil die schon bestehenden Paternoster als Altanlagen weiter betrieben werden durften. Symbolisierte doch schon am Rhein das gemächliche Auf und Ab der Kabinen sehr viel besser den inneren Betrieb der deutschen Diplomatie, als jeder Expressaufzug dies überhaupt könnte.

Martin Kröger

ADENAUER MISSTRAUTE DEN DIPLOMATEN: »Sie halten mir zu sehr zusammen«, sagte er 1949 zu Herbert Blankenhorn, der im Bundeskanzleramt die Dienststelle für Auswärtige Angelegenheiten leitete. Das war mit ein Grund dafür, den als kompetent, aber unpolitisch geltenden Frankfurter Rechtsprofessor Walter Hallstein zum Staatssekretär für Auswärtige Angelegenheiten zu machen. Ausgerechnet diesem »Seiteneinsteiger« in die Diplomatie verdankt die wohl wichtigste außenpolitische Leitlinie der jungen Bundesrepublik ihren Namen. Die »Hallstein-Doktrin« formulierte den Anspruch der Bundesregierung, Deutschland völkerrechtlich allein zu vertreten. Die Anerkennung der DDR durch andere Staaten sollte als unfreundlicher Akt gewertet werden und den Abbruch der diplomatischen Beziehungen zur Folge haben. Anfang 1960 schien es in Bonn plötzlich so, als ob der westafrikanische Staat Guinea diplomatische Beziehungen zu Ost-Berlin aufgenommen habe.

Im Zuge der Dekolonisierung seines überseeischen Besitzes hatte Frankreich seinen Kolonien die Mitgliedschaft in einer Art französischem Commonwealth, der »Communauté«, angeboten. Doch in einem Referendum hatte die Bevölkerung Guineas die Unabhängigkeit jeder halbkolonialen Partnerschaft vorgezogen. Die Souveränität des neuen Staates erkannten die ehemaligen Kolonialherren noch an, aber innerhalb kürzester Zeit stellte Paris jede ökonomische und politische Hilfe ein. Präsident Sékou Touré musste nun sehen, woher er die Mittel bekam, um seine Idee einer wirtschaftlichen und sozialen Umgestaltung, den »afrikanischen Sozialismus«, zu realisieren. In dieser Situation versuchte er, durch geschmeidiges Taktieren zwischen den Machtblöcken so viel Hilfe wie möglich für sich und sein Land herauszuholen. Problematisch wurde es, als man von ihm Gegenleistungen forderte. Die westdeutsche Aufbauhilfe war natürlich abhängig vom Wohlverhalten in der innerdeutschen Konkurrenz. Dass die beiden deutschen Staaten um die Anerkennung durch dritte Nationen wetteiferten, dürfte Sékou Touré

D 3 i.V.
307-82.00-90.06.424   Bonn, den 14. März 1960

                    A u f z e i c h n u n g

        Betr.: Weiteres Verfahren im Fall Guinea

              Aufgrund der Erklärungen Sékou Tourés gegenüber
        dem Spiegel, die evtl. auch an uns adressiert waren,
        dürfte feststehen, dass er nach einem Kompromiss mit uns
        sucht. Da ein Bruch mit Guinea nur im Interesse Pankows
        liegt, dem wir damit das Feld räumen würden, haben auch
        wir ein Interesse an einem Arrangement mit Sékou Touré.

              Vor weiteren Schritten muss das Eintreffen Nabi
        Youlas mit einer amtlichen Erklärung aus Conakry abge-
        wartet werden. Nabi Youla war heute vormittag noch nicht
        nach Paris zurückgekehrt, evtl. aber aus Conakry abge-
        reist. Die Botschaft Conakry erhielt Auftrag der Regie-
        rung mitzuteilen, dass wir Nabi Youla bis Mittwoch in
        Bonn erwarten.

              Sollte Sékou Touré evtl. den Vorschlag machen,
        dass wir nach dem Muster Kairo ein SBZ-Generalkonsulat
        akzeptieren, wenn er damit die schriftliche Erklärung
        verbindet, dass damit keine weitere Anerkennung ausge-
        sprochen wird, so wird vorgeschlagen, darauf einzugehen.
        Evtl. wäre unter dieser Voraussetzung auch der persönli-
        che Botschafter-Titel für den SBZ-Vertreter annehmbar.

              Wenn die Erklärungen Nabi Youlas eine ausreichende
        Grundlage für weitere Verhandlungen bieten, sollte evtl.
        Herr Schroeder nach Conakry zurückkehren, um Sékou Touré
        nochmals unseren Standpunkt in der SBZ-Frage darzulegen
        und ihm zu sagen, wie weit unser Entgegenkommen gehen
        kann. Damit hätten wir eine weitere Geste des Goodwill
        gemacht und unsere Position verbessert, auch wenn es
        schliesslich doch zu einem Bruch kommen sollte.

        Hiermit
                    dem Herrn Staatssekretär

bekannt gewesen sein. In einem inszenierten diplomatischen Verwirrspiel nutzte er dies zu seinen Gunsten aus.

Der in Moskau akkreditierte guineische Botschafter Seydou Conté landete am 3. März 1960 auf dem Ost-Berliner Flughafen Schönefeld und teilte dem Empfangskomitee mit, er wolle ein Beglaubigungsschreiben überreichen. Dass dieses Schreiben, abweichend von den protokollarischen Gepflogenheiten, nicht an den Staatspräsidenten Pieck, sondern an Ministerpräsident Grotewohl adressiert war, ignorierte man, und es kam zwei Tage darauf zur offiziellen Überreichung. In Bonn löste der Vorgang einen Konflikt über die Anwendung der »Hallstein-Doktrin« aus. Bevor er gemeinsam mit dem Bundeskanzler zu einer dreiwöchigen Weltreise aufbrach, verfügte Außenminister Heinrich von Brentano, die Beziehungen zu Guinea seien abzubrechen, falls nicht unmissverständlich festgestellt werde, dass in der DDR kein Botschafter akkreditiert sei. Brentanos Diplomaten sondierten in Conakry, der Hauptstadt Guineas, und bei dem in Bonn und Paris beglaubigten Botschafter des Landes, Nabi Youla, was es mit den Vorgängen in Ost-Berlin eigentlich auf sich habe. Die abgebildete Aufzeichnung vom 14. März zeigt nun einerseits, wie gering die Informationen waren, auf deren Grundlage zu entscheiden war, andererseits aber auch, dass man dessen ungeachtet im Auswärtigen Amt weder ultimativ noch doktrinär, sondern flexibel und von Interessen geleitet reagieren wollte. Das lag auf einer Linie mit entsprechenden Äußerungen von Bundespräsident Heinrich Lübke und der Presse. Ein Interview des »Spiegel« mit Sékou Touré kommentierte Rudolf Augstein mit dem Satz: »Man muss nicht unter die nackten Wilden gehen, um mit Hallsteins Logik auf Unverständnis zu stoßen.« Doch Brentano drängte telegraphisch auf einen Abbruch, drohte gar indirekt mit seinem Rücktritt. Schließlich flog ein hochrangiger Diplomat der Bonner Zentrale, der für Afrika zuständige Abteilungsleiter Hasso von Etzdorf, nach Conakry, um gemeinsam mit Botschafter Nabi Youla per Auto durch Urwald und Busch in das 700 Kilometer entfernte Kankan weiterzureisen. Dorthin hatte sich der durch den deutsch-deutschen Wettlauf um außenpolitische Gunstbeweise bedrängte Sékou Touré zurückgezogen.

Der Staatspräsident nahm nun am 3. April 1960 offiziell und eindeutig Abstand von einer Aufnahme diplomatischer Beziehungen zwischen Guinea und der DDR, die er sogar – zur Freude der bundesdeutschen Diplomatie – abwertend als »Behörden Ostdeutschlands« bezeichnete. Das erzielte Einvernehmen wurde doppelt honoriert: Etzdorf überreichte als persönliche Geste die spontan vom Handgelenk abgestreifte Armbanduhr an das Staatsoberhaupt (dabei handelte es sich nicht um die eigene, sondern um eine Uhr aus der Asservatenkammer des Auswärtigen Amts, wie Brentanos humorvoller Sondergesandter später oft und gern zum besten gab), während Bonn dann mit großzügiger Wirtschaftshilfe folgte. So konnte die Guinea-Krise von 1960 – zwischen dem Abbruch der diplomatischen Beziehungen zu Jugoslawien im Oktober 1957 und zu Kuba im Januar 1963 – schnell in Vergessenheit geraten, eben weil man die »Hallstein-Doktrin« damals nicht anwenden musste.

Martin Kröger

1967

VERSCHMUTZTER FAHNENSTOFF ist ein nicht eben alltäglicher Fund in den Akten. In der Tat finden nur selten Dinge aus anderem Material als Pergament und Papier Eingang in ein Archiv. So schlicht und einfach die Worte des Begleitschreibens auch klingen: der geschilderte Vorgang an sich illustriert die politische Realität der Beziehungen zwischen der Deutschen Demokratischen Republik und der Volksrepublik China eindrucksvoller als alle Botschaftsberichte jener Zeit. Als im Frühjahr 1967, auf dem Höhepunkt der sogenannten Kulturrevolution, die Frauen und Kinder sowjetischer Diplomaten das Land verlassen wollten, waren die Diplomaten der DDR bei dieser Evakuierung behilflich. Der Stander zierte den Wagen des DDR-Botschafters in Peking. Auf dem Weg zum Flughafen beschmierten ihn aufgebrachte Chinesen, die in den Berichten nach Ost-Berlin stets als »Rotgardisten« bezeichnet werden.

Nun ist im diplomatischen Umgang der Staaten miteinander das Beschmieren des Staatssymbols eine ernste Verletzung der Beziehungen miteinander. Weitaus schwerer wogen aber für die DDR jene tatsächlichen Verletzungen, die ihren Diplomaten und deren Familien selbst zugefügt wurden. Berichte aus den sechziger Jahren schildern immer wieder, wie die Arbeit der Botschaft behindert wurde, bis hin zu Angriffen auf das Leben der Mitarbeiter. Ein Messer-Attentat auf die Ehefrau des 2. Sekretärs der Botschaft ließ sich auch von chinesischer Seite nicht mehr als Übertreibung der »aufgebrachten revolutionären Massen« abtun. Der Attentäter, der aus der Familie eines schon in den fünfziger Jahren hingerichteten Großgrundbesitzers stammen sollte, wurde in einem schnellen Prozess zum Tode verurteilt und kurz darauf hingerichtet. Für die chinesische Führung war der Fall damit erledigt.

In diesem Zusammenhang wirkte es eher harmlos, dass China die DDR-Diplomaten bei zahlreichen Einladungen übersah, ihren Bewegungsspielraum im Land empfindlich einschränkte und sie letztlich als Vasallen der Sowjetunion auch im sozialistischen Lager zu isolieren

BOTSCHAFT

DER DEUTSCHEN DEMOKRATISCHEN REPUBLIK
IN DER VOLKSREPUBLIK CHINA

Peking, den 13.4.1967

An das
Ministerium für
Auswärtige Angelegenheiten
Protokoll-Abteilung

B e r l i n

Als Anlage übersenden wir Ihnen die Flagge des Wagens unseres
Botschafters, die in den Tagen der Abreise der Frauen der sowjetischen Botschaft (4.-6. Februar 1967) von den "Rotgardlern"
beschmutzt wurde, zur Kenntnisnahme und Verwendung.

(Herzog)
III. Sekretär

Anlage

suchte. Mit Akribie notierte der Botschafter der DDR in seinen Berichten jede Äußerung chinesischer Offizieller zur deutschen Frage, aber auch die Propaganda-Aktionen gegen die Sowjetunion und minutiös jede Demütigung, sei es das Verbot des Besuchs von Ausstellungen, Parolen auf Wandzeitungen oder die Gespräche chinesischer Vertreter mit westdeutschen Journalisten, über die man durch andere – westliche – Diplomaten bei Empfängen erfuhr. Die Nachteile im täglichen Leben in Peking, die schwierigen Lebensumstände des kasernierten Wohnens und die problematischen Arbeitsbedingungen in einer nahezu feindlich gesonnenen Umwelt klingen dagegen nur selten an. Der politische Auftrag stand über allem, und so wurde die Frage, wie lange denn die Kulturrevolution noch dauern würde, weit öfter in den Berichten diskutiert als die Sicherheit der Mitarbeiter.

Die DDR besaß wenig Eigenständigkeit in ihrer Politik gegenüber China, diese ging spätestens dann ganz verloren, als der ideologische Gegensatz zwischen Peking und Moskau sich auf sämtliche politischen Bereiche auswirkte. Die chinesische Führung hatte keinen jener Ratschläge, vor allem aus Stalins Mund, vergessen, die sich für die Entwicklung der chinesischen Kommunistischen Partei als so nachteilig erwiesen hatten. Erst Ende der vierziger Jahre gewann der chinesische Kommunismus nach und nach ein eigenes Gepräge durch Mao Tse Tungs Lehre von einem »Menschen neuen Typs«. Die Beschützerrolle Chinas in Albanien vertiefte zusätzlich die Kluft zwischen beiden Staaten, deren gemeinsamer Nenner nur mehr in ideologischen Grundkonstanten wie Klassenkampf und Beseitigung der imperialistischen Unterdrückung bestand. Die Tagespolitik sah jedoch zwei weitgehend entfremdete Mächte in einem ideologischen Lager, die sich aber in ihrer tatsächlichen politischen Weltsicht immer weiter von einander absetzten. In diesem Konflikt hatte sich die DDR auf die Seite der Sowjetunion gestellt und damit China gegenüber Flagge gezeigt. Genau dort versuchten die Chinesen sie auch zu treffen.

Elke Freifrau von Boeselager

DIE REGEL, dass in einem Archiv Akten und in einer Bibliothek Bücher aufbewahrt werden, stimmt im großen und ganzen. Lediglich wenige Bücher, wie etwa die als Geschäftstagebücher unentbehrlichen Journale, spielen für die Überlieferung eine größere Rolle. Auch das Buch, von dem hier die Rede ist, hatte sicher über lange Zeit keine besondere Bedeutung über seine eigentliche Bestimmung hinaus. Ursprünglich diente es bloß als Nachweis für überbrachte Briefe. Das änderte sich im Sommer 1970. Im Postquittungsbuch der deutschen Botschaft in Moskau ist unter dem 12. August 1970 die Übergabe eines Briefes vermerkt, der vom Bundesminister des Auswärtigen der Bundesrepublik Deutschland an den Außenminister der Sowjetunion, Gromyko, gerichtet war. Der Brief lautet: »Sehr geehrter Herr Minister, im Zusammenhang mit der heutigen Unterzeichnung des Vertrages zwischen der Bundesrepublik Deutschland und der Union der Sozialistischen Sowjetrepubliken beehrt sich die Regierung der Bundesrepublik Deutschland festzustellen, dass dieser Vertrag nicht im Widerspruch zu den politischen Zielen der Bundesrepublik Deutschland steht, auf einen Zustand des Friedens in Europa hinzuwirken, in dem das deutsche Volk in freier Selbstbestimmung seine Einheit wiedererlangt. Genehmigen Sie, Herr Minister, die Versicherung meiner ausgezeichneten Hochachtung. Walter Scheel.« Dieser Einigungsvorbehalt war für die Bundesrepublik essentiell und sollte unbedingt an die sowjetische Adresse gelangen, war jedoch im offiziellen Vertragsdokument nicht unterzubringen.

Man sollte meinen, es gäbe ein eingespieltes diplomatisches Procedere, um derartige Briefe an ihren Adressaten zu übergeben. Was ist aber, wenn sich dieser nicht darauf einlassen will oder gar die Befürchtung besteht, er könne die Annahme verweigern? Um sich dieser Gefahr nicht auszusetzen, stieg der Kanzler der deutschen Botschaft in Moskau am 12. August 1970 in den Dienstwagen und ließ sich zum sowjetischen

DEUTSCHE BOTSCHAFT

II A 4 - 82
Ber.Nr. 2558 /70

Moskau, den 20. Oktober 1970
Die/Wip

An das
Auswärtige Amt

B o n n

Betr.: Brief des Herrn Bundesministers des Auswärtigen
W.Scheel an Aussenminister Gromyko vom 12.
August 1970

Bezug: Erlass vom 18.9.1970 -ZB 8 -81.03/70 ArchivNr. 2100
und
hiesiger Bericht vom 7.10.1970 -II A4-82-Ber.Nr.2388/70-

Die Paraphe im Quittungsbuch wurde als Handzeichen der

Tania Trostikowa,

Bedienstete in der Posteingangsstelle des sowjetischen Aussen-
ministeriums, identifiziert.

In Vertretung
Stempel

9.6.70   Nr. 370-373/70 МИД

18.6.70   398/399/70 МИД
             400/401/70

18.6.70   403   МИД

30.6.70   425/426/427/428

30.6.70   IV 5-88. Nr 424/70

Соперева
30/6 70

1.7.70   432/70   МИД.

16.7.70   485   М И Д

18.7.70-490 МИД

18.7.70-490 МИД, ДЕЖУРНОМУ
           ПО МИД

23.7.70-505   и

25.7.70-514   М И Д

26. 7. 1970 – Prot ПАЧ-82

26. 7. 1970 – Brief

30. 7. 1970 № 521 МИД

30. 7. 1970 № 522 МИД СшА 30/7 18⁰⁵

6-8-1970 N 551 МИД

1. 8. 1970 № 562 МИД
и Р. 1. А. и

12. 8. 1970 № 564 МИД
и и 565 и
ч ч 566 и

12. 8. 1970 МИД

Письмо Министра иностранных дел
Федеративной Республики Германии
Министру Иностранных Дел СССР
А. А. Громыко

ZB 8 - 81.03/70
Arch.Nr. 2100

Bonn, den 18. September 1970

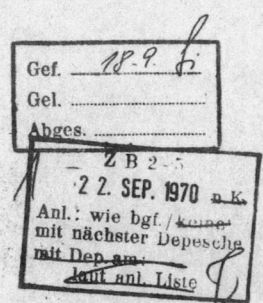

1) An die
    Botschaft der
    Bundesrepublik Deutschland

    M o s k a u

Betr.: Brief des Herrn Bundesminister des Auswärtigen
       W. Scheel an Außenminister Gromyko vom 12. August 1970;
       hier: Sowjetische Annahmequittung

Bezug: ohne

Anlg.: - 1 -

/ Anliegend wird Ablichtung der Seite des Botschaftsquittungs-
buches mit der Bitte übersandt, die Paraphe des sowjetischen
Beamten aufzulösen, der den Empfang des Briefes quittiert hat,
und den Namen an das Politische Archiv zu übermitteln, indem
das Quittungsbuch zusammen mit dem Moskauer Vertragswerk aufbewahrt wird.

                              Im Auftrag

                              gez. Dr. Sasse

2) Ref. II A 4
    zum Mitzeichnen

3) Wv. 16.10.

                                                    2100

Außenministerium chauffieren. Er erreichte sein Fahrtziel genau um 15.00 Uhr, dem Zeitpunkt der Vertragsunterzeichnung, und gab zur selben Zeit den zitierten Brief bei der Posteingangsstelle ab. Eine Angestellte der Behörde quittierte mit ihrer Paraphe die Entgegennahme. Später stellte sich die Frage, wer denn die Dame gewesen sei, von der man nichts weiter wusste als zwei Buchstaben ihres Namens. Um dies herauszufinden, sandte der damalige Leiter des Politischen Archivs, Heinz-Günther Sasse, am 18. September eine Fotokopie aus dem inzwischen zusammen mit dem Vertrag archivierten Quittungsbuch an die Botschaft in Moskau. Im Antwortbericht vom 7. Oktober heißt es, dass die Identifizierung kein einfaches Unterfangen sei, denn man sei ja verabredungsgemäß von einer inoffiziellen Übergabe ausgegangen, nach der man nun wohl schlecht offiziell beim Moskauer Außenministerium anfragen könne. Letztlich gelang es, den Namen zu ermitteln: Tania Trostikowa, eine Bedienstete der Posteingangsstelle des Ministeriums.

Solche »inoffiziellen« Übergaben von Schriftstücken zu höchst offiziellen Themen hat es immer wieder in der Geschichte gegeben – und besonders solche Erklärungen zur deutschen Einheit. Ein ähnlicher Vorbehaltsbrief wie 1970 wurde schon im September 1955 übergeben, als Bundeskanzler Adenauer in Moskau seine Gespräche führte. Der damals zur Delegation gehörende Botschaftsrat Joachim Peckert erinnerte sich später, dass man für die Übergabe die frühen Morgenstunden zwischen 2.00 und 4.00 Uhr gewählt und der Sekretär des Ministerratsvorsitzenden Bulganin den Empfang des Briefes von Adenauer quittiert habe. Auch Egon Bahr gab gegenüber dem DDR-Staatssekretär Kohl eine solche Erklärung am 21. Dezember 1972 im Zusammenhang mit dem Grundlagenvertrag ab. Ein Jahr später, im September 1973, als es um die Aufnahme der beiden deutschen Staaten in die Vereinten Nationen ging, verlas Walter Scheel eine entsprechende Erklärung in der Vollversammlung der Vereinten Nationen.

Es gehört zur Diplomatie, Dinge, die man nicht geradeheraus thematisieren kann, auf anderen Wegen beim Gesprächspartner zu platzieren.

Elke Freifrau von Boeselager

1972

DER BRIEF IST SCHMUCKLOS: Der Vorsitzende des Ministerrates Willi Stoph beantragte den Beitritt der DDR zu den Vereinten Nationen. Er leitete damit ein diplomatisches Verfahren ein, an dessen Ende die feierliche Aufnahme beider deutscher Staaten stand. Der Weg dahin war ein Verhandlungsmarathon gewesen, an dem nicht nur die DDR und die Bundesrepublik beteiligt waren, sondern gleichsam West und Ost insgesamt mit am Tisch saßen. Schon seit langem waren beide deutschen Staaten in den verschiedenen Unterorganisationen der Vereinten Nationen vertreten und hatten ihre Beobachter in New York. Einen ersten Versuch, die volle Mitgliedschaft zu erreichen, hatte die DDR bereits im Februar 1966 unternommen. Der Antrag wurde jedoch vom Sicherheitsrat gar nicht erst beraten. Trotz massiver Unterstützung aus dem Ostblock blieb der DDR die Tür versperrt. Der Bundesrepublik war es mit ihren westlichen Fürsprechern nicht anders ergangen. Die bipolare Lagerkonstellation des Kalten Krieges verhinderte lange einen Beitritt, der sich zudem nur schwer mit dem westdeutschen Alleinvertretungsanspruch vereinbaren ließ. Es bedurfte erst einer grundlegenden Neuorientierung. So war es der seit Beginn der siebziger Jahre einsetzenden Entspannung im Ost-West-Verhältnis zu verdanken, dass es überhaupt zum Beitritt kommen konnte. Überdies erleichterte der Abschluss des Grundlagenvertrags zwischen beiden deutschen Staaten am 21. Dezember 1972 eine Aufnahme in die Vereinten Nationen.

Schon am 8. November 1972 hatten Bonn und Ost-Berlin vereinbart, sich gegenseitig über alle Schritte zu informieren, die sie auf dem Weg zur Mitgliedschaft unternähmen. Schließlich wurde abgemacht, dass die DDR ihren Antrag am 12. Juni, die Bundesrepublik am 15. Juni stellen sollten. Nachdem der Versuch Bayerns gescheitert war, den Grundlagenvertrag mit einer Normenkontrollklage und einem Antrag auf einstweilige Verfügung beim Bundesverfassungsgericht zu verhindern, konnte er am 20. Juni durch einen Notenaustausch in Kraft gesetzt wer-

MINISTERRAT

DER DEUTSCHEN DEMOKRATISCHEN REPUBLIK

E r k l ä r u n g

Im Namen des Ministerrates der Deutschen Demokratischen Republik erkläre ich feierlich, daß die Deutsche
Demokratische Republik bereit ist, die Pflichten, die
sich aus der Charta der Vereinten Nationen ergeben, zu
übernehmen und gewissenhaft zu erfüllen.

Vorsitzender des Ministerrates
der Deutschen Demokratischen Republik

Berlin, den 12. Juni 1973

den. Schon zwei Tage darauf und ohne formale Abstimmung empfahl der Sicherheitsrat der Vollversammlung die Aufnahme beider deutscher Staaten. Die Zeit bis zum offiziellen Beitritt im September verlief alles andere als reibungsfrei. Strittig waren immer noch die Praxis der Behandlung von Ausreiseanträgen oder Fragen der Transitstrecken. Die Einbeziehung Berlins (West) in den bundesdeutschen Aufnahmeantrag stellte für die DDR ein besonderes Problem dar. Informelle Gespräche zwischen Bonn und Moskau verhinderten jedoch zusätzliche Spannungen. Dem Wunsch Bonns nach einer Ständigen Vertretung und damit sichtbaren Präsenz in Ost-Berlin kam die DDR nach, indem sie der Bundesregierung das Gebäude in der Hannoverschen Straße zur Verfügung stellte. Gleichzeitig dachte auch die DDR-Führung über die Errichtung einer Vertretung in der Bonner Adenauerallee nach. Schwierigkeiten machten insbesondere organisatorische Fragen dieser Vertretungen. Verlangte die DDR eine Zuständigkeit der Außenministerien als »das Übliche«, so verlangte Bonn wegen »der Besonderheit« eine Anbindung an das Bundeskanzleramt. Selbst Äußerlichkeiten wie das Aussehen der Autoschilder und andere sichtbare Zeichen des Diplomatenstatus wurden hochpolitisch, wenn sich dahinter eine Anerkennung der DDR als »Ausland« verbergen konnte. Die DDR klagte ihrerseits bundesdeutsche Maßnahmen gegen Fluchthelfer ein und verwies auf Verletzungen des Transitabkommens sowie das Handelsverbot mit der DDR-Mark.

Trotz aller Streitfragen blieb es aber bei dem Beitrittsfahrplan. Am 18. September 1973 wurden Bundesrepublik Deutschland und Deutsche Demokratische Republik in die Vereinten Nationen aufgenommen. Lange wehten beide deutschen Fahnen vor dem Gebäude an der New Yorker First Avenue. Es sollte noch bis zum 26. September 1990 dauern, bis Hans-Dietrich Genscher auf der 45. Generalversammlung erklärte, dass beide Staaten fortan vereinigt und als »Deutschland« in den Vereinten Nationen vertreten seien.

Martin Kröger

1987

»Honeckers Triumph in Bonn« titelte die Frankfurter Allgemeine Zeitung zum Auftakt des fünftägigen Arbeitsbesuchs, den der DDR-Staatsratsvorsitzende am 7. September 1987 begann. Bundeskanzler Kohl gab zu, dass viele Deutsche bei diesem Ereignis wohl zwiespältige Gefühle empfinden würden. Sowohl zur Person des Gastes wie auch zum Ablauf des Programms gab es Vorbehalte. Erich Honecker hatte 1961 den Bau der Berliner Mauer organisiert. Damit war die innerdeutsche Grenze unüberwindlich geworden; siebzehn Millionen Deutschen in der DDR waren seither die Freizügigkeit und die freie Selbstbestimmung verwehrt.

Seit ihrer Gründung 1949 hatte die Bundesrepublik alles getan, um die DDR außerhalb des kommunistischen Einflussbereichs weltweit zu isolieren. Jetzt war Bonn erstmals bereit, den anderen Staat auf deutschem Boden, und damit faktisch die deutsche Teilung, zu respektieren. Dem entsprach der protokollarische Ablauf dieses Besuchs. Handgreiflich für jedermann wurden beide deutsche Flaggen im Hof des Bundeskanzleramtes gehisst, die Nationalhymnen der DDR und der Bundesrepublik gespielt. Der Staats- und Parteichef der DDR schritt an der Seite des Bundeskanzlers die Ehrenkompanie des Wachbataillons der Bundeswehr ab. Die DDR war im Westen hoffähig geworden.

Pragmatische und dauerhafte Lösungen zum Umgang mit dem anderen Teil Deutschlands hatte die von 1969 bis 1974 von Bundeskanzler Willy Brandt geführte sozialliberale Bundesregierung erzielt. »Wandel durch Annäherung« hieß das Schlagwort der neuen Ostpolitik. Erste Früchte brachten 1970 der Moskauer Vertrag vom 12. August und der Warschauer Vertrag vom 7. Dezember. Sie schufen die Voraussetzung für den Grundlagenvertrag zwischen der Bundesrepublik und der DDR vom 21. Dezember 1972.

Atemberaubende Dynamik entfaltete seit 1973 in Helsinki die Konferenz für Sicherheit und Zusammenarbeit in Europa (KSZE), an der

MINISTERRAT DER DEUTSCHEN DEMOKRATISCHEN REPUBLIK

DER MINISTER FÜR AUSWÄRTIGE ANGELEGENHEITEN

Einverstanden E.H.
14.9.87

Generalsekretär des Zentralkomitees
der Sozialistischen Einheitspartei
Deutschlands und Vorsitzenden des
Staatsrates der DDR
Genossen Erich Honecker

B e r l i n

Ministerbüro
1 4. SEP. 1987
PE-Nr. ....
Zur Bearb.en ....
Termin ....

Berlin, 1 4. Sep. 1987

Werter Genosse Honecker!   *Am 15.9.87*

Als Anlage übersende ich die Politbüro-Vorlage mit dem *beschlossen*
Bericht über Deinen Besuch in der BRD. Die noch fehlenden
Anlagen werden durch Genossen Frank-Joachim Herrmann vor-
gelegt.

Im Falle Deiner Zustimmung bitte ich um Unterzeichnung
der Vorlage.

Mit sozialistischem Gruß

Oskar Fischer

Anlage

West- und Osteuropa sowie die UdSSR und die Vereinigten Staaten teilnahmen. Die dort vereinbarten Grundregeln über Menschenrechte und Meinungsfreiheit wurden in allen Unterzeichnerstaaten veröffentlicht. Sie setzten in den Staaten des Ostblocks Diskussionsprozesse in Gang, die sich bald der Lenkung und Überwachung der Regierungen entzogen. Die freie Meinungsäußerung, die Urform demokratischer Meinungsbildung, untergrub allmählich die staatlichen Mechanismen der Kontrolle und Unterdrückung. Sie entfaltete sich zu einer der Triebkräfte, die zum Zusammenbruch der Sowjetunion und des gesamten Ostblocks führten.

Nicht nur die Bürger nutzten die in Helsinki vereinbarte Freiheit der Meinungsäußerung. Auch die Partei- und Staatsführung der DDR übte sich in der »Politik des Dialogs«. Im Vorfeld des Honecker-Besuchs begründete Horst Grunert, ehemals stellvertretender DDR-Außenminister, in der Ostberliner Zeitschrift »horizont« das Interesse der DDR an einem regelmäßigen, institutionalisierten und von kurzfristigen Schwankungen unabhängigen Meinungsaustausch mit Staaten anderer Systeme und Politikern und Wirtschaftsführern anderer Weltanschauung. Auch die Einladung an Honecker zum Besuch in der Bundesrepublik sei ein Ergebnis der weltweiten Dialogpolitik der DDR, die mit »Ideenreichtum, Flexibilität, Konsequenz, Augenmass und Kompromissbereitschaft« zum »Markenzeichen der Außenpolitik der DDR der letzten 15 Jahre« geworden sei.

Dass sich die Außenpolitik der DDR aus dem 15 Jahre zuvor begonnenen KSZE-Prozess definierte, der zugleich in der Hand ihrer Bürger zum Sprengsatz ihres Untergangs geriet, mag man eine Ironie der Geschichte nennen. Die Urgewalt der in Helsinki verankerten Prinzipien brach sich seit 1989 freie Bahn und ermöglichte das Wunder der deutschen Einheit.

Hans Jochen Pretsch

SEIT DER ÖFFNUNG der Berliner Mauer am 9. November 1989 überschlugen sich die Ereignisse. Erstmals nach dem Zweiten Weltkrieg schien die deutsche Einheit möglich und greifbar nahe. Bundeskanzler Helmut Kohl handelte sofort. Ein Zehn-Punkte-Plan sollte die Annäherung der beiden deutschen Staaten strukturieren und in geordnete Bahnen lenken. Doch die Bürger in der DDR drangen auf Tempo. Freie Wahlen am 18. März 1990 stürzten die jahrzehntelange Herrschaft der SED und die letzte SED/PDS-Regierung unter Hans Modrow. Lothar de Maizière leitete seit April 1990 den ersten und letzten demokratisch legitimierten DDR-Ministerrat, dessen politischer Auftrag die Auflösung der DDR war.

Dramatischer verlief die außenpolitische Absicherung der deutschen Einheit. Am Rande der Konferenz »Open Skies« (Offene Himmel)einigten sich die Außenminister der vier Mächte und der beiden deutschen Staaten am 14. Februar 1990 in Ottawa auf den Beginn der »Zwei-plus-Vier-Gespräche«. Unter hohem Zeitdruck waren Lösungen für schwierige Fragen zu finden. Den sowjetischen Diplomaten fiel es nicht leicht, die auf höchster Ebene zwischen Bundeskanzler Kohl und dem sowjetischen Staats- und Parteichef Michail Gorbatschow im Kaukasus erzielten Ergebnisse zu akzeptieren. Am 12. September 1990 schließlich wurde in Moskau der Vertrag über die abschließende Regelung in Bezug auf Deutschland von den Außenministern der Zwei-plus-Vier-Staaten unterzeichnet.

Am 3. Oktober 1990 trat die DDR der Bundesrepublik Deutschland bei und besiegelte so die deutsche Einheit. Die volle Souveränität nach innen und nach außen erhielt Gesamtdeutschland bereits am 1. Oktober 1990. An diesem Tag hatten die vier Mächte in einer gemeinsamen Erklärung in New York vorzeitig auf ihre Rechte und Verantwortlichkeiten in Bezug auf Deutschland verzichtet. Die sofortige Suspendierung dieser Rechte der vier Siegermächte des Zweiten Weltkriegs in Deutschland, noch vor

reg.nr. fuer edv: 104   05.03.91, 0748
==

```
        v s - n u r   f u e r   d e n   d i e n s t g e b r a u c h
```

==

auswaertiges amt   sig
verteiler:

ex.: 1-6: 2
        7: 2-z1
        8: d 3
        9: sts
       10: 02

fm-zentrum erledigt weiterleitung an:
leningrad, kiew, washington, london diplo, paris diplo, bruessel nato,
new york uno, wien diplo, warschau, prag, budapest, bukarest, sofia,
belgrad, peking, tokyo, chbk, bmvg
----

aus: moskau
nr 857 vom 05.03.1991, 0913 oz
an: bonn aa
c i t i s s i m e   n a c h t s
----
fernschreiben (verschluesselt) an 210
eingegangen: 05.03.91, 0751 oz
v s - nur fuer den dienstgebrauch
auch fuer leningrad, kiew, washington, london diplo,
paris diplo, bruessel nato, new york uno, wien diplo, warschau,
prag, budapest, bukarest, sofia, belgrad, peking, tokyo,
chbk, bmvg
----
wien: vkse, vsbm
az.: pol 330.00 vs-nfd
verfasser: v. arnim
betr.: 2+4
(--zur unterrichtung--
     roem1.
     der oberste sowjet der union hat am abend des 4. maerz
1991 die folgenden vertraege ratifiziert:
     - den 2+4-vertrag
     - den grossen politischen vertrag mit deutschland ueber
partnerschaft, gute nachbarschaft und zusammenarbeit
     - den ''grossen wirtschaftlichen'' vertrag mit deutschland

seite   1
expl.nr.
==

```
        v s - n u r   f u e r   d e n   d i e n s t g e b r a u c h
```

==

reg.nr. fuer edv: 104 05.03.91, 0748
===

===

ueber zusammenarbeit auf dem gebiet der wirtschaft und
wissenschaft.
    gleichzeitig wurde ''gebilligt'':
    - der ''truppenabzugsvertrag'' ueber den zeitweiligen
aufenthalt und den abzug der sowjetischen truppen aus
deutschland
    - den ''ueberleitungsvertrag'', der das
wohnungsbauprogramm, die transportkosten, das
fortbildungsprogramm und die stationierungskosten regelt.
    diese beiden vertraege sollen in etwa 2 wochen endgueltig
''ratifiziert'' werden, nachdem die ausschuesse fuer auswaertige
angelegenheiten und verteidigung zusammen mit dem sam, dem
verteidigungsministerium und anderen ''regierungsstellen''
eine reihe von praktischen fragen der implementierung dieser
vertraege geklaert haben.
    im uebrigen kam es zur verabschiedung einer ''resolution''
des os zum paket der vertraege. unsere gespraechspartner, die
sie politisch positiv wuerdigt, deren wortlaut aber noch
unbekannt ist, haben uns jedoch versichert, dass es sich bei
den noch zu eroerternden fragen juristisch um rein
innersowjetische angelegenheiten handele. danach steht zu
erwarten, dass die noch bevorstehenden beratungen zwischen
den parlamentariern und der e ekutive der abstimmung von
positionen dienen werden, welche die sowjetische seite dann
im rahmen der durch die beiden abkommen geschaffenen
gemischten kommissionen voranzutreiben gedenkt.
    roem2.
    1. nach abschluss der bis gegen 18.30 andauernden
beratungen des plenums des os, der nach abgabe der
regierungserklaerung durch vam kwizinski und der einbringung
der vorlage durch den vorsitzenden des auswaertigen
ausschusses, dsassochow, in geschlossener sitzung tagte,
hatte 1 pol gelegenheit, mit einigen abgeordneten zu
sprechen.
    dsassochow schilderte zunaechst das ergebnis der
beratungen. er beglueckwuenschte uns und betonte, dass dies
auch aus sowjetischer sicht ein historischer tag sei. jetzt
habe man eine feste grundlage fuer die weitere arbeit.
    der prominente abgeordnete burlatzkij teilte mit, die
weit ueberwiegende mehrheit habe fuer die vertraege gestimmt.

seite   2
expl.nr.
===

===

der Ratifizierung des Zwei-plus-Vier-Vertrages vom 12. September 1990, ging auf westalliierte Anregung zurück und gewann an Bedeutung, als sich die Ratifizierung des Vertrages in Moskau verzögerte.

Das vereinte Deutschland und die drei Westmächte ratifizierten zügig den Zwei-plus-Vier-Vertrag. Das Parlament der UdSSR, der Oberste Sowjet, ließ sich Zeit. In der Zwischenzeit verschlechterte sich die außenpolitische Lage. Der Angriff des Irak auf Kuwait löste den Golfkrieg aus. Das sowjetische Imperium bröckelte. Warschauer Pakt und Comecon lösten sich auf. Die baltischen Staaten strebten in die Unabhängigkeit. Der sowjetische Außenminister Schewardnadse kündigte seinen Rücktritt an. Konservative Kreise in Moskau sahen in den Verträgen zur Einheit Deutschlands Verrat an den Interessen ihres Landes, Verrat an den Früchten des schwer errungenen Sieges über Nazi-Deutschland. Man fürchtete, dass nun die »Jagd« auf SED-Mitglieder einsetze, die über Jahrzehnte treu taten, was die UdSSR von ihnen verlangte.

Nach sechs Stunden kontroverser Debatte ratifizierte der Oberste Sowjet am 4. März 1991 den Vertrag über die abschließende Regelung in Bezug auf Deutschland. Darüber berichtete die Deutsche Botschaft in Moskau am folgenden Tage. Am 15. März 1991 übergab Botschafter Terechow Bundesaußenminister Genscher die Ratifikationsurkunde. Nach Artikel 9 des Vertrages ist er damit am 15. März 1991 in Kraft getreten. Mit einigen Wochen Verzögerung wurden auch der Vertrag über den zeitweiligen Aufenthalt und den Abzug der sowjetischen Truppen aus Deutschland und der Überleitungsvertrag ratifiziert, der das Wohnungsbauprogramm, die Transportkosten, das Fortbildungsprogramm und die Stationierungskosten regelte. Die Sowjetunion löste sich auf. Russland übernahm die Pflichten der ehemaligen UdSSR aus den Verträgen mit Deutschland. Der russische Präsident Boris Jelzin und Bundeskanzler Kohl nahmen gemeinsam am 31. August 1994 auf dem Gendarmenmarkt in Berlin die Parade der letzten aus Deutschland abziehenden russischen Truppen ab. Am 8. September 1994 verabschiedeten sich auch die Truppen der Westmächte aus Berlin. Die Nachkriegszeit war zu Ende.

Hans Jochen Pretsch

Von der Wilhelmstraße zum Werderschen Markt

Eine sehr kurze Geschichte des Auswärtigen Amts

Am 1. Januar 1870 ging das Ministerium der auswärtigen Angelegenheiten des Königreichs Preußen auf den Norddeutschen Bund über. Der Kanzler des Norddeutschen Bundes, Otto von Bismarck, gab durch Erlass vom 8. Januar 1870 der neuen Behörde den Namen »Auswärtiges Amt des Norddeutschen Bundes«. Diese Bezeichnung, vermutlich analog zu der des Foreign Office in London gewählt, sollte deutlich machen, dass es sich um eine dem Kanzler nachgeordnete Behörde handelte.

Das Ministerium der auswärtigen Angelegenheiten war im Zuge der großen Preußischen Reformen 1808 gebildet worden und ging auf das Preußische Kabinettsministerium von 1728 zurück. Nach dem preußisch-österreichischen Krieg von 1866 wurde aus den deutschen Ländern nördlich der Mainlinie unter der Führung Preußens der Norddeutsche Bund gegründet, der nach dem deutsch-französischen Krieg von 1870/71 durch Beitritt der süddeutschen Länder zum Deutschen Reich erweitert wurde. Präsident des Bundes war der König von Preußen, der seit 1871 den Titel Deutscher Kaiser führte. Einziger Minister dieses Bundesstaates war zunächst der Bundeskanzler und ab 1871 der Reichskanzler, der zumeist auch preußischer Ministerpräsident und Außenminister war. Der Bundes- beziehungsweise Reichskanzler war auch Vorsitzender des Bundesrates (Artikel 15 Reichsverfassung), dem Organ der zum Norddeutschen Bund und später zum Deutschen Reich zusammengeschlossenen Fürsten mit ihren Territorien (die Königreiche Preußen, Bayern, Sachsen und Württemberg, die Großherzogtümer Baden, Hessen-Darmstadt, Oldenburg, Mecklenburg-Schwerin, Mecklenburg-Strelitz und Sachsen-Weimar-Eisenach, die Herzogtümer Braunschweig, Sachsen-Coburg-Gotha, Sachsen-Mei-

nigen-Hildburghausen, Sachsen-Altenburg und Anhalt, die Fürsten-
tümer Lippe, Schaumburg-Lippe, Schwarzburg-Rudolstadt, Schwarz-
burg-Sondershausen, Waldeck-Pyrmont, Reuß ältere Linie und Reuß
jüngere Linie) sowie der drei Freien Städte (Lübeck, Hamburg und
Bremen). Je nach Größe der Länder führten sie im Bundesrat eine entsprechende Zahl von Stimmen, mindestens eine, maximal 17 für die
Präsidialmacht Preußen. Dem Bundesrat stand als Volksvertretung der
aus allgemeinen, freien, gleichen und geheimen Wahlen aller Männer
über 25 Jahren hervorgegangene Reichstag gegenüber (das Frauenwahl-
recht kam erst mit den Wahlen zur Weimarer Nationalversammlung).

Bis zum Ende des Ersten Weltkriegs blieben Struktur und Organisation des Auswärtigen Amts großenteils so erhalten, wie sie in Preußen zu Beginn des 19. Jahrhunderts entstanden waren. Es gab zwei
Abteilungen: die erste war für die politischen und die zweite für alle
nicht-politischen Angelegenheiten, zum Beispiel Außenhandel und
Konsularwesen, zuständig. Die Politische Abteilung leitete der Staatssekretär als Vertreter des Amtschefs (also des Reichskanzlers) unmittelbar; die Geschäfte des Staatssekretärs führte bei dessen Abwesenheit
der Unterstaatssekretär. Der Einteilung der Zentrale in zwei Abteilungen entsprachen zwei streng voneinander getrennte Laufbahnen, die
diplomatische, die eine Domäne des Adels war, und die konsularische.
Bei der Dominanz des Adels in der diplomatischen Laufbahn ist zu
bedenken, dass dies damals in allen europäischen Staaten üblich war,
zumal sich Botschafter und Gesandte in der Regel als persönliche Re-
präsentanten des eigenen Monarchen beim Monarchen des Gastlandes
fühlten und verstanden. Neben den beiden genannten Laufbahnen gab
es noch diejenige der Dragomane, die rechtsgelehrte Dolmetscher für
orientalische Sprachen waren und auf den entsprechenden Auslandsposten für Rechtsgeschäfte benötigt wurden.

1879 wurde die Politische Abteilung aufgespalten in eine Abteilung I
A für die politisch-diplomatischen Angelegenheiten sowie eine Abteilung I B für Personal- und Kassensachen (Zentralabteilung). 1885 wurden aus der Abteilung II die Rechtsangelegenheiten herausgelöst und als
Abteilung III eine eigenständige Rechtsabteilung errichtet. 1890 wurde

eine Kolonialabteilung geschaffen, die sich 1907 als Reichskolonialamt verselbständigte. Im Kriegsjahr 1915 wurde eine neue Abteilung IV ins Leben gerufen, die Nachrichtenabteilung, die aus dem »Literarischen Büro« der Bismarckzeit, dem späteren Pressereferat, hervorging. Nach 1870 war es mehr und mehr üblich, dass innerhalb der Abteilungen die Vortragenden Räte (Referenten) für bestimmte Regionen oder Sachgebiete feste Zuständigkeiten erhielten; es bildeten sich Arbeitseinheiten (Referate). Für das gesamte Amt gab es für sämtliche Schreibarbeiten ein einziges Zentralbüro, das zugleich Posteingangs- und Ausgangsstelle sowie Registratur und Archiv war und erst 1920 aufgelöst wurde. Aus ihm gingen die Registraturen und Kanzleien für die neuen Abteilungen und Sonderreferate sowie das Politische Archiv hervor.

Das Auswärtige Amt hatte seinen Sitz in dem bescheidenen Palais Wilhelmstraße 76, in das schon 1819 das Preußische Außenministerium eingezogen war und das zudem bis gegen Ende des 19. Jahrhunderts dem Minister beziehungsweise dem Kanzler auch als Wohnung diente. Daher herrschte dort eine drangvolle Enge – ein Notstand, der bis 1945 nicht wirklich behoben werden konnte. Mit der Zeit mussten immer neue Gebäudekomplexe angekauft und angemietet werden, so dass das Auswärtige Amt schließlich über eine Vielzahl von Liegenschaften in Berlin verstreut war. Die vier bis sechs Räte der Politischen Abteilung und eine etwa gleiche Anzahl von »Hilfsarbeitern« (Referenten) mussten in der Bismarckzeit mit zwei Zimmern und zwei Kammern vorlieb nehmen. Besprechungszimmer für sie und ihre Besucher gab es nicht, und die dunklen, unübersichtlichen Flure boten nur einen höchst unzulänglichen Ersatz. »Die Wilhelmstraße« – ein international bald geläufiges Synonym für die Berliner Zentrale – war mit einem Sammelsurium aus allen Stilepochen seit dem 18. Jahrhundert spartanischpreußisch möbliert. In dem Raum, in dem zum Beispiel die Angehörigen fremder Missionen auf eine Aussprache mit dem Reichskanzler oder dem Staatssekretär zu warten pflegten, gab es Sitzgelegenheiten höchst unterschiedlichen Alters und einen Tisch, dessen mit einem Steinmosaik ausgelegte Platte ein großer, nicht zu entfernender Fettfleck »zierte«; das war der Tisch mit dem »historischen Fleck«. Nur da, wo sich die Zimmer der Amtsleitung befanden, war der Flur mit roten Läufern ausgelegt. Deshalb nannten Amtsangehörige diese Räumlichkeiten scherzhaft »die Weinabteilung«. Die übrigen Teile des Hauses mit den gebohnerten oder eingeölten Holzdielen waren folgerichtig »die Bierabteilungen«. Dort, wo die Personalabteilung und der Personalchef ihre Dienstzimmer hatten, war die »Klagemauer«. Schließlich wurden die Räume, in denen nach 1819 die Töchter des damaligen preußischen Außenministers Christian Günther Graf von Bernstorff gewohnt hatten, mehr oder weniger liebevoll »Komtessenzwinger« genannt.

Vor dem Kriegsausbruch 1914 zählte man in der Zentrale des Auswärtigen Amts – immerhin Außenministerium einer Großmacht – einen Staatssekretär, einen Unterstaatssekretär, vier (Ministerial-) Direktoren, drei (Ministerial-)Dirigenten, 21 bis 28 Vortragende Räte, 23 »ständige Hilfsarbeiter« (Referenten) und 18 Assessoren ohne Planstellen. Von 1871 bis 1914 umfasste der gesamte deutsche diplomatische Dienst (ohne Konsuln und Dragomane) nur 350 höhere Beamte. 1874 gab es lediglich vier Botschaften (London, Paris, St. Petersburg, Wien), 14 Gesandtschaften (Athen, Bern, Brüssel, Haag, Konstantinopel, Kopenhagen, Lissabon, Madrid, Rom, Stockholm, Peking, Rio de Janeiro, Washington, Vatikan), acht Ministerresidenturen, neun preußische innerdeutsche Gesandtschaften (Darmstadt, Dresden, Hamburg, Karlsruhe, München, Oldenburg, Stuttgart, Dresden, Weimar), sieben Generalkonsulate mit diplomatischem Status (Alexandria, Belgrad, Bukarest, London, New York, Budapest, Warschau), 33 Berufs- und vier Berufsvizekonsulate. Bis 1914 wurden die Gesandtschaften in Rom (Quirinal), Konstantinopel, Madrid, Washington und Tokio zu Botschaften erhoben, so dass es 1914 neun Botschaften, 23 Gesandtschaften, sieben Ministerresidenturen, 33 Generalkonsulate und etwas mehr als 100 Berufskonsulate gab. Die älteste Botschaft ist die in London, die noch in preußischer Zeit 1862 eingerichtet wurde. Das höchste Gehalt erhielt der Botschafter in St. Petersburg, nämlich 150000 Goldmark im Jahr. Die Missionschefs in London, Paris und Wien bezogen jährlich 120000 Mark, der Staatssekretär des Auswärtigen Amts hingegen lediglich 50000 Mark. Diese Gehälter lagen weit, zum Teil

um die Hälfte unter denen der britischen oder französischen Spitzen-
diplomaten.

Seit der Jahrhundertwende erhob sich Kritik am Auswärtigen Amt
und seiner Struktur. Wirtschaftskreise warfen den Diplomaten man-
gelnde Kenntnis und Vernachlässigung der internationalen Wirtschaft,
des Welthandels und ihrer Bedingungen vor. Die deutsche Niederlage 1918 verstärkte die Position derer im Auswärtigen Amt, die dieser Kritik Rechnung tragen wollten. Wortführer der Reformer wurde
Geheimrat Edmund Schüler, der 1918 Dirigent und 1919 Ministerial-
direktor der Zentralabteilung wurde und die nach ihm benannte um-
fassende »Schüler'sche Reform« des gesamten Auswärtigen Dienstes
durchführte. Im Dezember 1918 wurde die Trennung zwischen den
Laufbahnen aufgehoben und aus dem diplomatischen und konsularischen Dienst bei Wegfall der Dragomane der einheitliche auswärtige Dienst geschaffen, so wie er noch heute besteht und in einfachen,
mittleren, gehobenen und höheren Dienst unterteilt ist. Die bisherigen
Sachabteilungen I A und II wurden im Frühjahr 1920 aufgehoben. An
ihre Stelle traten neben der fortbestehenden Zentralabteilung und einer verkleinerten Rechtsabteilung zunächst sechs Länderabteilungen,
die man mit Beginn des Jahres 1922 auf drei reduzierte. Neu errichtet
wurde die Kulturabteilung vornehmlich für die Betreuung der Deutschen im Ausland und eine »Gruppe W«, die für solche Wirtschafts-
fragen zuständig war, die in den Länderabteilungen nicht behandelt
werden konnten. Die Außenhandelsstelle, Abteilung X, sollte der allgemeinen praktischen Handelsförderung dienen und ein außenwirt-
schaftliches Informationssystem aufbauen. Dies erwies sich jedoch als
unzweckmäßig, so dass die »zehnte« Abteilung Ende 1921 zeitgleich mit
der Reduzierung der Zahl der Länderabteilungen aufgelöst wurde.

Die Zeremonial-, Rang- und Etikettefragen waren bis 1918 vom kö-
niglich-preußischen Oberhofmarschallamt betreut worden. Nach dem
Ende der Monarchie wurden sie dem neu gebildeten »Sonderreferat E«
zugewiesen, das seit 1923 aus der Zentralabteilung herausgenommen,
dem Staatssekretär direkt unterstellt und schließlich 1938 zur Proto-
kollabteilung unter einem »Chef des Protokolls« erweitert wurde – eine

Bezeichnung, die es schon seit den 1920er Jahren gab. Mit dem Ende des Ersten Weltkrieges trat auch das Französische als Diplomatensprache hinter dem Englischen und den Nationalsprachen zurück. Deshalb wurden bei internationalen Begegnungen Dolmetscher notwendig, und das Auswärtige Amt bildete ab 1921 einen »Sprachendienst« mit einem festen Stamm an Dolmetschern und Übersetzern. Durch den Übergang zur Republik musste sich auch das Auswärtige Amt verstärkt mit innenpolitischen Entwicklungen auseinandersetzen, was dem »Sonderreferat D«, dem »Deutschlandreferat«, oblag. Ein anderes Sonderreferat beschäftigte sich mit dem Völkerbund. Alle diese Reformmaßnahmen und die zusätzlichen Arbeitseinheiten erforderten eine verstärkte Koordinierung der Arbeit der Zentrale und der Amtsleitung, und zwar durch das »Büro Reichsminister« als politische Leitstelle und das »Büro Staatssekretär«. Zudem besprach der Staatssekretär auf der täglichen Direktorenbesprechung mit den Abteilungsleitern alle wichtigen politischen und organisatorischen Fragen und legte Weisungen fest. Für diesen internen und bis heute üblichen Informationsaustausch bürgerte sich alsbald die etwas respektlose Bezeichnung »Morgenandacht« ein. Auch wenn die Schüler'sche Reform manche Mängel aufwies, schuf sie doch grundlegende Strukturen, die in Ansätzen bis heute bestehen und sich bewährt haben. Im Jahre 1920 wurde schon ein Gesetz über den Auswärtigen Dienst entworfen, allerdings nicht in das Gesetzgebungsverfahren eingebracht. Erst im Jahre 1990 sollte ein solches Gesetz unter gänzlich anderen Bedingungen und in anderer Form verabschiedet werden.

Im Zuge der Parlamentarisierung des Deutschen Reiches wurde das Auswärtige Amt im Februar 1919 ein Reichsministerium, der bisherige Staatssekretär wurde Reichsminister und der Unterstaatssekretär Staatssekretär. 1923, als Gustav Stresemann Außenminister wurde, zählte der auswärtige Dienst 2031 Mitarbeiter, davon 1330 in der Zentrale und 701 an den 112 Auslandsvertretungen. Staatssekretär des Auswärtigen Amts war damals Carl von Schubert, der dieses Amt von 1924 bis 1930 innehatte. Sein Nachfolger unter wechselnden Außenministern war Bernhard Wilhelm von Bülow, der am 21. Juni 1936 im Alter von 51

Jahren verstarb. Er bestimmte beim Übergang von der demokratischen Republik zur Diktatur entscheidend den Kurs des Hauses, weil er den Einfluss des Nationalsozialismus auf das Auswärtige Amt und auf die Außenpolitik möglichst gering halten wollte. Aber auch er verhinderte nicht, dass aufgrund des zynisch so genannten Gesetzes zur Wiederherstellung des Berufsbeamtentums von 1933 und des Staatsbürgergesetzes von 1935 über 120 Beamte des höheren auswärtigen Dienstes vorzeitig in den Ruhestand versetzt wurden. Sehr geschickt wirkte die SS auf den auswärtigen Dienst ein und konnte über das Reichssicherheitshauptamt eigene Leute als Polizeiattachés an einige Botschaften entsenden. Den altgedienten Karrierediplomaten erwuchs nach 1933 in der »Auslandsorganisation der NSDAP« eine unliebsame Konkurrenz. Ihr Chef, Gauleiter Ernst Wilhelm Bohle, wurde 1937 »Chef der Auslandsorganisation im Auswärtigen Amt« und in dieser Funktion (zusätzlicher) Staatssekretär im Auswärtigen Amt. Darüber hinaus gab es eine neuerliche Organisationsreform mit nunmehr fünf Abteilungen in der Berliner Zentrale: Personal- und Verwaltungsabteilung (Pers), Politische Abteilung (Pol), Handelspolitische Abteilung (W, ab 1941: Ha Pol), Rechtsabteilung (R) und Kulturpolitische Abteilung (Kult) – neben dem Protokoll und dem Referat Deutschland. 1938 ernannte Hitler den Nationalsozialisten Joachim von Ribbentrop zum Reichsminister des Auswärtigen, oder, wie er sich selbst gerne bezeichnete, zum Reichsaußenminister: »RAM«. Es kam zu einer Personalvermehrung um 143 Prozent von 2665 Angehörigen des auswärtigen Dienstes im Jahre 1938 auf 6458 in 1943, obwohl das »Dritte Reich« ab 1939 kriegsbedingt erheblich weniger Auslandsvertretungen benötigte. Der Berliner bemerkte dazu gegen Kriegsende nur lakonisch und trocken: »Ik wees nich – det Deutsche Reich wird imma kleena und det Auswärtige Amt wird imma jrössa!«

Das Deutschlandreferat breitete sich schnell durch Kontaktpflege mit der NSDAP und ihren Gliederungen, mit SS, SD und Reichssicherheitshauptamt zu einer eigenen Abteilung aus, die 1943 Ribbentrop unmittelbar unterstellt und in die Gruppen »Inland I« und »Inland II« aufgeteilt wurde. Diese befassten sich unter anderem mit »jüdischen

Angelegenheiten«. Die ganze Tragik und Schuld des Auswärtigen Amts in jenen Jahren belegen die Akten der Abteilung Inland im Politischen Archiv des Auswärtigen Amts; dort ist das einzig erhaltene Protokoll der Wannseekonferenz vom 20. Januar 1942 überliefert, auf der die »Endlösung der Judenfrage« und damit der systematische Massenmord an Millionen Menschen beschlossen wurde. In demselben Aktenbestand finden sich dennoch Belege dafür, dass beherzte, mutige Diplomaten Menschen in Not zu helfen wagten und dabei sogar Erfolg hatten. Nach dem Kriegsbeginn 1939 wurde zu Propagandazwecken eine Informationsabteilung gebildet. Aus der Kulturpolitischen Abteilung wurde aus denselben Gründen eine Rundfunkabteilung ausgegliedert.

Einige Diplomaten bezahlten ihren Widerstand gegen das nationalsozialistische Regime mit ihrem Leben, darunter Albrecht Graf von Bernstorff, Eduard Brücklmeier, Hans-Bernd von Haeften, Ulrich von Hassell, Otto Kiep, Herbert Mumm von Schwarzenstein, Rudolf von Scheliha, Friedrich-Werner Graf von der Schulenburg und Adam von Trott zu Solz. Die geringe Zahl der aktiven Widerstandskämpfer aus dem Auswärtigen Dienst zeigt, dass das Auswärtige Amt zwischen 1933 und 1945 kein Hort des Widerstandes gegen die braune Tyrannei war, aber es war genauso wenig eine von der SS beherrschte nationalsozialistische Behörde. Die Wahrheit liegt irgendwo in der Mitte: Es gab einige wenige überzeugte Gegner des Nationalsozialismus und einige fanatische Anhänger dieser Ideologie unter den deutschen Diplomaten, dazwischen eine erhebliche Zahl von Mitläufern und Gleichgültigen, dann auch Menschen, die sich irgendwie arrangieren wollten und mussten.

Die 1949 gegründete Bundesrepublik Deutschland war zunächst nicht souverän. Die drei westlichen Siegermächte des Zweiten Weltkrieges hatten sich im Besatzungsstatut von 1949 die Zuständigkeit für auswärtige Angelegenheiten vorbehalten; im Bundeskanzleramt wurde lediglich eine Verbindungsstelle zu der obersten Vertretung der drei Mächte eingerichtet, der Alliierten Hohen Kommission (AHK). Doch das Petersberger Abkommen vom 22. November 1949 räumte der Bundesregierung unter Bundeskanzler Konrad Adenauer das Recht ein, konsularische Beziehungen und Handelsbeziehungen mit den Ländern aufzunehmen, bei denen ein solcher Schritt sinnvoll erschien. Schon vorher war zum 1. November 1949 eine Vertretung der jungen Bundesrepublik bei der Organisation für wirtschaftliche Zusammenarbeit und Entwicklung (OECD) in Paris eröffnet worden. Dies ist die älteste deutsche Auslandsvertretung bei einer internationalen Organisation; 1994 gibt es zehn solcher Vertretungen. Ende 1949 verfügte das Bundeskanzleramt über ein »Organisationsbüro für die konsularisch-wirtschaftlichen Vertretungen im Ausland« und seit Juni/Juli 1950 über Generalkonsulate in London, New York und Paris. Im selben Jahr folgten Generalkonsulate in Istanbul, Amsterdam, Brüssel, Rom und Athen. Die Verbindungsstelle zur AHK und das Organisationsbüro wurden am 1. April 1950 zur »Dienststelle für Auswärtige Angelegenheiten« im Bundeskanzleramt zusammengefasst und um ein Kultur- und ein Protokollreferat sowie eine Einrichtung zur Ausbildung des diplomatischen Nachwuchses ergänzt. Die Aus- und Fortbildungsstätte (1-AF) befand sich während der Aufbauphase in Speyer, dann seit 1955 in Bonn, zunächst in der »Baracke« in der Raiffeisenstraße und von 1972 bis 2005 in Bonn-Ippendorf in einer modernen Bleibe. 1-AF zog zum Jahreswechsel 2005/2006 vom Rhein nach Berlin-Tegel in die »Villa Borsig« um und erhielt mit Wirkung vom 1. Januar 2006 die Bezeichnung »Akademie Auswärtiger Dienst«.

Die erste Revision des Besatzungsstatuts am 6. März 1951 brachte für die Bundesregierung den entscheidenden Durchbruch auf dem Wege zur Erlangung außenpolitischer Handlungsfreiheit. Am 15. März wurde das Auswärtige Amt als Bundesministerium wiedererrichtet und die im Bundeskanzleramt bestehende Dienststelle für Auswärtige Angelegenheiten in die neue Behörde überführt. Erster Bundesminister des Auswärtigen (bis 1955) wurde Bundeskanzler Adenauer (CDU), den als Staatssekretär des Auswärtigen Amts der angesehene Jurist Professor Walter Hallstein unterstützte. Seinen Dienstsitz in Bonn erhielt das Auswärtige Amt in einem Neubau am Rhein an der damaligen Koblenzer Straße, der heutigen Adenauerallee. Das 1947 von den Ministerpräsidenten der Länder begründete »Deutsche Büro für Friedensfragen«

in Stuttgart und die ebenfalls 1947 bei der Verwaltung des Vereinigten Wirtschaftsgebietes in Frankfurt am Main arbeitende Hauptabteilung V »Außenhandel« waren neben der Dienststelle im Kanzleramt weitere (und integrierte) Wurzeln des Auswärtigen Amts der Bundesrepublik.

Das Auswärtige Amt der Bundesrepublik Deutschland begann mit 330 Planstellen in der Zentrale (davon 129 des höheren Dienstes) und 433 Planstellen für die Auslandsvertretungen (davon 147 des höheren Dienstes). 1951 wurden zunächst mit 11 Ländern diplomatische Beziehungen aufgenommen: Belgien, Brasilien, Dänemark, Griechenland, Italien, Kanada und den Niederlanden (Botschaften); Irland, Luxemburg, Norwegen und Schweden (Gesandtschaften). Konsularische Vertretungen entstanden in Atlanta, Basel, Bombay, Mailand, Marseille, Pretoria, San Franzisko und Zürich. Bei den Regierungen der drei Mächte Frankreich, Großbritannien und Vereinigten Staaten von Amerika wurden in demselben Jahr Geschäftsträger bestellt, die 1953 den persönlichen Titel Botschafter erhielten. Nach dem Inkrafttreten des Deutschlandvertrages, der 1955 der Bundesrepublik im Rahmen des damals Möglichen die Souveränität gab, wurden diese drei Auslandsvertretungen in Botschaften umgewandelt; Adenauer holte Heinrich von Brentano (CDU) als Bundesminister des Auswärtigen ins Kabinett. Erstmals 1955 wurde ein Botschafter z.b.V. zum Inspekteur der diplomatischen und konsularischen Vertretungen der Bundesrepublik Deutschland ernannt. Damit schuf das Auswärtige Amt selbst ein Kontrollinstrument, mit dem seither die Arbeit der Auslandsvertretungen und später auch der Arbeitseinheiten der Zentrale auf ihre Leistungen hin überprüft, kontrolliert und beraten wird. Erster Chefinspekteur wurde Peter Pfeiffer, der 1950 das Ausbildungswesen des Auswärtigen Dienstes aufgebaut hatte.

1976 belief sich der Personalstand auf insgesamt 6518 Mitarbeiter (1272 höherer Dienst), davon 1920 (452) in der Zentrale und 4598 (818) bei den 195 Auslandsvertretungen. 1990, im Jahr der Vereinigung Deutschlands, zählte man 7827 (1501) Mitarbeiter, davon 2552 (649) im Inland und 5275 (852) bei den 214 Auslandsvertretungen. 1994 gab es 7047 Stellen im Auswärtigen Dienst, 1914 in der Zentrale und 5133 an den 232 Auslandsvertretungen, 2005 dann 2159 Inlands- und 4400 Auslandsstellen. Nur am Rande sei angemerkt, dass die vergleichbaren diplomatischen Dienste Großbritanniens und Frankreichs merklich größer sind (1994: 15421 beziehungsweise 17950). Der heutige hohe Personalstand erklärt sich aus der Verflechtung der Länder untereinander, die viel stärker als vor 1939 ist, insbesondere aus den Folgen der ständig fortschreitenden europäischen Einigung, den zahlreichen internationalen Organisationen, sowie den seit 1960 und wiederum seit 1990 entstandenen neuen Staaten.

Die Gliederung des Auswärtigen Amts der Bundesrepublik ähnelt der des früheren Amts: Abt. 1 Personal- und Verwaltung, Abt. 2 Politische Abteilung (zunächst Verbindung zu den Westmächten, Deutschlandfragen, Kriegsfolgen, internationale Organisationen), Abt. 3 Länderabteilung (zunächst alle bilateralen Beziehungen, später außereuropäische Länder mit der Bezeichnung Politische Abteilung), Abt. 4 Handelspolitische Abteilung beziehungsweise Wirtschaftsabteilung, Abt. 5 Rechtsabteilung, Abt. 6 Kulturabteilung und Abt. 7 Protokoll. Die besondere Interessenlage der Bundesrepublik im Hinblick auf die angestrebte Wiedervereinigung spiegelte sich von 1958 bis 1962 in einer besonderen Ostabteilung wider. 1963 wurde ein Planungsstab eingerichtet, der seither unabhängig von den Abteilungen und dem Leitungsstab um Minister und Staatssekretäre langfristige Konzeptionen und Studien erarbeitet. Von 1963 bis 1972 wurden die Abteilungen etwas anders als in den Jahren davor und danach gezählt: Z für Zentralabteilung, I und II für die beiden Politischen Abteilungen, III für Handels- und Entwicklungspolitik, IV für Kulturabteilung und V für Rechtsabteilung. Zur Entlastung der Bundesminister wurden 1966 in einigen (ab 1969 in allen) Bundesministerien Parlamentarische Staatssekretäre eingeführt, so auch im Auswärtigen Amt. Seit 1972 gibt es im Auswärtigen Amt sogar zwei, die mit Rücksicht auf die internationalen Gepflogenheiten den Titel Staatsminister führen.

Der sich ändernden Weltlage und der Entspannungspolitik trug die Amtsleitung dadurch Rechnung, dass der seit 1965 mit einem Referat, später mit einer Unterabteilung arbeitende Beauftragte der Bundesre-

gierung für Fragen der Abrüstung im Jahre 1981 eine eigene Abteilung (Abt. 2 A) erhielt, die 1990 um eine zweite Unterabteilung erweitert wurde. 1991 wurde ein Botschafter als Beauftragter der Bundesregierung für humanitäre Hilfe mit besonderer Arbeitsgruppe bestellt. Zum 1. April 1993 schuf man im Lichte der sich verdichtenden und voranzutreibenden Einigung Europas eine Europaabteilung aus Arbeitseinheiten der bisherigen Politischen Abteilung 2 und der Abt. 4 (Wirtschaftsabteilung) als Abt. E. Auf die ständig steigende Bedeutung der Vereinten Nationen (VN) und des gesamten Komplexes der humanitären Hilfe reagierte das Auswärtige Amt organisatorisch am 15. Februar 1995 mit der neuen Abteilung »Vereinte Nationen, Menschenrechte und humanitäre Hilfe« (VNMH), die den Arbeitsstab humanitäre Hilfe einbezog und die man nach kurzer Zeit in »Globale Fragen« (GF) umbenannte. Einer der beiden Staatsminister wurde »Beauftragter für humanitäre Hilfe und Menschenrechte«.

Nach der Bundestagswahl vom 28. September 1998 wurde Joschka Fischer in der rot-grünen Koalition aus SPD und Bündnis 90/Die Grünen Bundesminister des Auswärtigen und Vizekanzler. Kurz vorher war mit Wirkung vom 1. Juli 1998 die einschneidendste Strukturreform des Auswärtigen Dienstes der Bundesrepublik Deutschland in Kraft gesetzt worden, die eine Straffung der Organisation der Zentrale zum Ziel hatte. Betroffen waren insbesondere die Politische Abteilung 2, die Europaabteilung sowie die Wirtschafts- und die Kulturabteilung. Sodann folgte die Verlegung des größten Teiles des Auswärtigen Amts von Bonn nach Berlin in den Gebäudekomplex Am Werderschen Markt 1, dessen Haupthaus in den 1930er Jahren als Erweiterungsbau der Reichsbank errichtet worden und zuletzt vor der Wende von 1989/90 Sitz des Zentralkomitees der SED gewesen war. Der Umzug war im Herbst 2000 abgeschlossen. Unter dem Druck der Ende der 1990er Jahre einsetzenden Sparmassnahmen kam es im Auswärtigen Dienst zu erheblichen Stellenkürzungen. Es mussten nicht weniger als 20 Auslandsvertretungen geschlossen werden. Zum 15. März 2001 trat eine weitere Reformstufe in Kraft, die zu einer Verflachung der Hierarchien führte und die Unterabteilungen abschaffte. Nach der Bundestagswahl vom 22. September 2002 einigte sich die rot-grüne Koalition darauf, die Abteilung Außenpolitik des Presse- und Informationsamtes der Bundesregierung in das Auswärtige Amt zu überführen und als Abteilung »Kommunikation« (K) einzugliedern. Nach der vorgezogenen Bundestagswahl vom 18. September 2005 wurde in der Regierung der Großen Koalition Frank-Walter Steinmeier (SPD) Bundesminister des Auswärtigen.

Ludwig Biewer

Quellen und Literatur in Auswahl

Quellen

Die Große Politik der Europäischen Kabinette 1871–1914. Sammlung der Diplomatischen Akten des Auswärtigen Amtes. Hrsg. von Johannes Lepsius, Albrecht Mendelssohn Bartholdy und Friedrich Thimme. Bände 1–40, Berlin 1922–1927

Die deutschen Dokumente zum Kriegsausbruch 1914. Vollständige Sammlung der von Karl Kautsky zusammengestellten amtlichen Aktenstücke mit einigen Ergänzungen. Im Auftrag des Auswärtigen Amtes hrsg. von Graf Max Montgelas und Walter Schücking. Bände 1–4. Neue Ausgabe Berlin 1927

L'Allemagne et les problèmes de la paix pendant la première guerre mondiale. Documents extraits des archives de l'Office allemand des Affaires étrangères, publ. et ann. par André Scherer et Jacques Grunewald. Bände 1–4. Paris 1962–1978 [Dokumente im deutschen Originaltext]

Akten zur deutschen auswärtigen Politik 1918–1945. Aus dem Archiv des Auswärtigen Amts. Baden-Baden, dann Göttingen 1950–1995

Serie A: 1918–1925 Bände I–XIV

Serie B: 1925–1933 Bände I–XXI

Serie C: 1933–1937 Bände I–VI

Serie D: 1937–1941 Bände I–XIII

Serie E: 1941–1945 Bände I–VIII

Ergänzungsband zu den Serien A–E (Gesamtpersonenverzeichnis, Portraitphotos und Daten zur Dienstverwendung). Göttingen 1995

Akten zur Auswärtigen Politik der Bundesrepublik Deutschland. Hrsg. im Auftrag des Auswärtigen Amts von Hans-Peter Schwarz. Band 1: Adenauer und die Hohen Kommissare 1949–1951; Band 2: Adenauer und die Hohen Kommissare 1952. München 1989 und 1990

Akten zur Auswärtigen Politik der Bundesrepublik Deutschland. Hrsg. im Auftrag des Auswärtigen Amts vom Institut für Zeitgeschichte. Hauptherausgeber: bis 2005 Hans-Peter Schwarz, seit 2006 Horst Möller. Wissenschaftlicher Leiter: bis 2000 Rainer A. Blasius, seither Ilse Dorothee Pautsch. München 1994 ff.; bisher erschienen sind die Bände für 1949/50 bis 1953 und 1963 bis 1976 [die Reihe wird jährlich fortgesetzt].

Außenpolitik der Bundesrepublik Deutschland. Dokumente von 1949 bis 1994. Hrsg. aus Anlass des 125. Jubiläums des Auswärtigen Amts. Bonn 1995

Literatur

Christian Baechler: Gustave Stresemann (1878–1929). De l'imperialisme à la sécurité collective. Strassburg 1996

Ludwig Biewer: Das Auswärtige Amt in der Wilhelmstraße (1870–1945). Berlin 1997

Ders.: Das Politische Archiv des Auswärtigen Amts. Plädoyer für ein Ressortarchiv. In: Archivalische Zeitschrift 87 (2005), S.137–164

Ders. und Hans Jochen Pretsch: Das Politische Archiv des Auswärtigen Amts. 2. Auflage Berlin 2004

Rainer A. Blasius: Für Großdeutschland – gegen den großen Krieg. Staatssekretär Ernst Frhr. von Weizsäcker in den Krisen um die Tschechoslowakei und Polen 1938/39. Köln/Wien 1981

Ders. (Hrsg.): Von Adenauer zu Erhard. Studien zur Auswärtigen Politik der Bundesrepublik Deutschland 1963. München 1994

Ders.: Der ehrenvolle Auftrag des Auswärtigen Amts: AAPD. Vorgeschichte und Anfänge eines editorischen Großunternehmens und der Außenstelle in Bonn. In: 50 Jahre Institut für Zeitgeschichte. Eine Bilanz. Hrsg. von Horst Möller und Udo Wengst. München 1999, S.127–144

Ders.: Der Wilhelmstraßen-Prozess gegen das Auswärtige Amt und andere Ministerien. In: Gerd R. Ueberschär (Hrsg.): Der Nationalsozialismus vor Gericht. Die alliierten Prozesse gegen Kriegsverbrecher und Soldaten 1943–1952. Frankfurt am Main 1999, S. 187–198

Hans Boldt u. a.: Deutsche Verfassungsgeschichte 1849–1919–1949. Bonn 1989

Heinrich von Brentano: Ein Wegbereiter der europäischen Integration. Hrsg. von Roland Koch. Redaktion: Frank-Lothar Kroll. München 2004

Tobias C. Bringmann: Handbuch der Diplomatie 1815–1963. Auswärtige Missionschefs in Deutschland und deutsche Missionschefs im Ausland von Metternich bis Adenauer. München 2001

Christopher Browning: The Final Solution and the German Foreign Office. A Study of Referat D III of Abteilung Deutschland 1940–1943. New York/London 1978

Lamar Cecil: The German Diplomatic Service, 1871–1 914. Princeton 1976

Hans-Jürgen Döscher: Das Auswärtige Amt im Dritten Reich. Diplomatie im Schatten der »Endlösung«. Berlin 1987. 2., ungekürzte Auflage als: SS und Auswärtiges Amt im Dritten Reich. Frankfurt am Main/Berlin 1991

Ders.: Verschworene Gesellschaft. Das Auswärtigen Amt unter Adenauer zwischen Neubeginn und Kontinuität. Berlin 1995

Ders.: Seilschaften. Die verdrängte Vergangenheit des Auswärtigen Amts. Berlin 2005

Kurt Doss: Das Auswärtige Amt im Übergang vom Kaiserreich zur Weimarer Republik. Die Schülersche Reform. Düsseldorf 1977

Ernst Engelberg: Bismarck. Band 1: Urpreuße und Reichsgründer; Band 2: Das Reich in der Mitte Europas. Berlin 1985 und 1990

Gewandt, geschickt und abgesandt. Frauen im Diplomatischen Dienst. Hrsg. von Ursula Müller und Christiane Scheidemann. München 2000

Lothar Gall: Bismarck. Der weiße Revolutionär. Frankfurt am Main/Berlin/Wien 1980

Zum Gedenken an Georg Ferdinand Duckwitz 1904–1973. Berlin 2004

Zum Gedenken an die Widerstandskämpfer gegen den Nationalsozialismus aus den Reihen des Auswärtigen Dienstes und an die Kollegen, die nach 1945 in Ausübung ihres Dienstes ihr Leben verloren haben. 2. Auflage Berlin 2003

Gedenkfeier des Auswärtigen Amts zum 65. Geburtstag von Heinrich von Brentano. Bonn, 20. Juni 1969. Bonn 1969

Grundriss zur deutschen Verwaltungsgeschichte 1815–1945. Hrsg. von Walther Hubatsch. Band 22: Bundes- und Reichsbehörden. Bearbeitet von Walther Hubatsch. Marburg an der Lahn 1983

Peter Grupp: Deutsche Außenpolitik im Schatten von Versailles 1918–1920. Zur Politik des Auswärtigen Amts vom Ende des Ersten Weltkriegs und der Novemberrevolution bis zum Inkrafttreten des Versailler Vertrags. Paderborn 1988

Ders. und Pierre Jardin: Das Auswärtige Amt und die Entstehung der Weimarer Verfassung. In: Francia 9 (1982), S.473–493

Wilhelm Haas: Beitrag zur Geschichte der Entstehung des Auswärtigen Dienstes der Bundesrepublik Deutschland. Bremen 1969

Walter Hallstein – Der vergessene Europäer? Hrsg. von Wilfried Loth, William Wallace und Wolfgang Wessels. Bonn 1995

Karl-Alexander Hampe: Das Auswärtige Amt in der Ära Bismarck. Bonn 1995

Ders.: Das Auswärtige Amt in Wilhelminischer Zeit. Münster 2001

Biographisches Handbuch des deutschen Auswärtigen Dienstes 1871–1945. Herausgeber: Auswärtiges Amt – Historischer Dienst – Maria Keipert und Peter Grupp. Band 1: A–F, bearbeitet von Johannes Hürter, Martin Kröger, Rolf Messerschmidt und Christiane Scheidemann; Band 2: G–K, bearbeitet von Gerhard Keiper und Martin Kröger. Paderborn/München/Wien/Zürich 2000 und 2005

Fritz Hartung: Deutsche Verfassungsgeschichte vom 15. Jahrhundert bis zur Gegenwart. 9. Auflage Stuttgart 1969, S. 267–380

Das Haus am Werderschen Markt. Von der Reichsbank zum Auswärtigen Amt. Hrsg. von Hans Wilderotter. Berlin 2000

Klaus Hildebrand: Das vergangene Reich. Deutsche Außenpolitik von Bismarck bis Hitler 1871–1945. Stuttgart 1995

Felix Hirsch: Stresemann. Ein Lebensbild. Göttingen/Frankfurt am Main/Zürich 1978

Ernst Rudolf Huber: Deutsche Verfassungsgeschichte seit 1789. Bände 3–8. Stuttgart 1963–1991

Hans-Adolf Jacobsen: Nationalsozialistische Außenpolitik 1933–1938. Frankfurt am Main 1968

100 Jahre Auswärtiges Amt 1870–1970. Bonn 1970

100 Jahre Auswärtiges Amt. Begrüßungsworte des Bundesministers des Auswärtigen Walter Scheel und Festvortrag von Professor Golo Mann, Bonn, 9. Januar 1970. Bonn 1970

Klaus von Kameke: Einblicke. Das Auswärtige Amt zwischen 1871 und 2001. 3 Bände. Bonn 2003 (Privatdruck)

Das Diplomatische Korps 1871–1945. Hrsg. von Klaus Schwabe. Boppard am Rhein 1985

Peter Krüger: Die Außenpolitik der Republik von Weimar. Darmstadt 1985

Ders.: Staatssekretär Dr. Bernhard Wilhelm von Bülow. In: Gedenkfeier des Auswärtigen

Amts zum 100. Geburtstag von Staatssekretär Dr. Bernhard Wilhelm von Bülow (19. Juni 1885–21. Juni 1936), Bonn, 18. Juni 1985. Bonn 1985

Ders.: Staatssekretär Ago Freiherr von Maltzan und Staatssekretär Dr. Carl von Schubert. In: Gedenkfeier des Auswärtigen Amts zum 60. Todestag von Staatssekretär Ago Freiherr v. Maltzan (31. Juli 1877–23. September 1927) und zum 40. Todestag von Staatssekretär Dr. Carl v. Schubert (15. Oktober 1882–1. Juni 1947), Bonn, 18. September 1987. Bonn 1987

Ders.: »Man lässt sein Land nicht im Stich, weil es eine schlechte Regierung hat«. Die Diplomaten und die Eskalation der Gewalt. In: Die deutschen Eliten und der Weg in den Zweiten Weltkrieg. Hrsg. von Martin Broszat und Klaus Schwabe. München 1989, S. 180–225

Thomas Wayne Maulucci: The creation and early history of the West German Foreign Office: 1945–1955. Ann Arbor 1998 (Diss. Yale 1997)

Wolfgang Michalka: »Vom Motor zum Getriebe«. Das Auswärtige Amt und die Degradierung einer traditionsreichen Behörde 1933 bis 1945. In: Der Zweite Weltkrieg. Analysen – Grundzüge – Forschungsbilanz. Hrsg. im Auftrag des MGFA von Wolfgang Michalka. München 1989, S. 249–259

Ders. und Christiane Scheidemann: Walther Rathenau. Berlin 2006

Günter Moltmann: Ein Botschafter tritt zurück. Friedrich von Prittwitz und Gaffron, Washington, 6. März 1933. In: Liberalitas. Festschrift für Erich Angermann. Hrsg. von Nobert Finzsch und Hermann Wellenreuther. Stuttgart 1992, S. 367–386.

Claus M. Müller: Relaunching German Diplomacy. The Auswärtiges Amt in the 1950s. Münster/Hamburg/London 1996

Manfred Overesch: Gesamtdeutsche Illusion und westdeutsche Realität. Von den Vorbereitungen für einen deutschen Friedensvertrag zur Gründung des Auswärtigen Amtes der Bundesrepublik Deutschland 1946–1949/51. Düsseldorf 1978

Otto Pflanze: Bismarck. Band 1: Der Reichsgründer; Band 2: Der Reichskanzler. München 1997 und 1998

Heribert Piontkowitz: Anfänge westdeutscher Außenpolitik 1946–1949. Das Deutsche Büro für Friedensfragen. Stuttgart 1978

Elmer Plischke: Allied High Commission Relations with the West German Government 1949–1951. o.O. 1952

Dirk Pöppmann: Robert Kempner und Ernst von Weizsäcker im Wilhelmstraßenprozess. Zur Diskussion über die Beteiligung der deutschen Funktionselite an den NS-Verbrechen. In: Irmtrud Wojak: (Hrsg.): Im Labyrinth der Schuld. Täter – Opfer – Ankläger. Frankfurt am Main 2003, S. 163-197

Peter Matthias Reuß: Die Mission Hausenstein (1950–1955). Sinzheim 1995

Horst Röding: Werben um Vertrauen. Die Entstehungsgeschichte des Auswärtigen Amts. In: Informationen für die Truppe, Heft 4 / 1990, S. 49–63

Heinz Sasse: Das Politische Archiv des Auswärtigen Amts. In: Almanach 1968. Köln/Berlin/Bonn/München 1968, S. 125–137

Ders.: Die Entstehung der Bezeichnung »Auswärtiges Amt«. In: Nachrichtenblatt der Vereinigung Deutscher Auslandsbeamter e.V. 19 (1956), S. 85–89

Ders.: Zur Geschichte des Auswärtigen Amts. In: Nachrichtenblatt der Vereinigung Deutscher Auslandsbeamter e.V. 22 (1959), S. 171–191

Ders.: Die Wilhelmstraße 74–76, 1870–1945. Zur Baugeschichte des Auswärtigen Amts in Berlin. In: Preußen, Europa und das Reich. Hrsg. von Oswald Hauser. Köln/Wien 1987, S. 357–376

Rainer F. Schmidt: Die Außenpolitik des Dritten Reiches. Stuttgart 2002

Edgar von Schmidt-Pauli: Diplomaten in Berlin. Berlin 1930

Gregor Schöllgen: Die Akten zur Auswärtigen Politik der Bundesrepublik Deutschland. Traditionslinien, Aufbau, Themen. In: 50 Jahre Institut für Zeitgeschichte, a. a. O., S.459–467

Ders.: Die Außenpolitik der Bundesrepublik Deutschland. Von den Anfängen bis zur Gegenwart. München 1999

Ders.: Ulrich von Hassell 1881–1944. Ein Konservativer in der Opposition. München 1990, aktualisierte Neuauflage 2004

Ders.: Stationen deutscher Außenpolitik. Von Friedrich dem Großen bis zur Gegenwart. München 1992

Klaus Schwabe (Hrsg.): Das Diplomatische Korps 1871–1945. Boppard am Rhein 1985

Hans-Peter Schwarz: Adenauer. Bd. 1: Der Aufstieg: 1876–1952; Bd. 2: Der Staatsmann: 1952–1967. Stuttgart 1986 und 1991

Ders.: Staatssekretär Professor Dr. Walter Hallstein, in: Gedenkfeier des Auswärtigen Amts zum 90. Geburtstag von Staatssekretär Professor Dr. Walter Hallstein (17. November 1901–29. März 1982), Bonn, 25. November 1991. Bonn 1991

Wolfgang Stresemann: Mein Vater Gustav Stresemann. München/Berlin 1979

Marion Thielenhaus: Zwischen Anpassung und Widerstand. Deutsche Diplomaten 1938–1941. Die politischen Aktivitäten der Beamtengruppe um Ernst von Weizsäcker im Auswärtigen Amt. Paderborn 1984

Deutsche Verwaltungsgeschichte. Hrsg. von Kurt G.A. Jeserich, Hans Pohl und Georg-Christoph von Unruh. Bände 3–6. Stuttgart 1984–1988

Widerstand im Auswärtigen Dienst. Hrsg. vom Auswärtigen Amt. Referat Öffentlichkeitsarbeit in Zusammenarbeit mit dem Politischen Archiv. Bonn 1994

Jonathan Wright: Gustav Stresemann. 1878–1929. Weimars größter Staatsmann. München 2006

Zeitzeugnisse. Deutsche Außenpolitik von 1870 bis heute. Eine Ausstellung des Auswärtigen Amts in der Staatsbibliothek zu Berlin. Berlin 1997

Fundstellen der Dokumente und Fotos

Seiten 115/116	PA AA, Zwischenarchiv Bd. 198480
Seiten 118/119	PA AA, Bildsammlung: Auswärtiges Amt, Berlin, Wilhelmstraße vom Wilhelmplatz aus gesehen
Seite 130	Presse- und Informationsamt der Bundesregierung, Bundesbildstelle, Nr. 10267/4: Auswärtiges Amt, Bonn (Mai 1961)
Seite 133	PA AA, Bildsammlung: Auswärtiges Amt, Berlin, Erweiterungsbau (Foto: Rainer Gaertner DGPh/publicon Berlin)